Heinrich Weber

Der Kirchengesang Zürichs

Sein Wesen, seine Geschichte, seine Förderung

Heinrich Weber

Der Kirchengesang Zürichs
Sein Wesen, seine Geschichte, seine Förderung

ISBN/EAN: 9783743682009

Hergestellt in Europa, USA, Kanada, Australien, Japan

Cover: Foto ©Thomas Meinert / pixelio.de

Weitere Bücher finden Sie auf **www.hansebooks.com**

Der

Kirchengesang Zürichs,

sein Wesen,

seine Geschichte, seine Förderung.

***

Ein Wort

an die

Vorsteher und Glieder der Gemeinde.

Von

H. Weber, Pfarrer.

Zürich.

Druck und Verlag von J. Herzog.

1866.

Der Kirchengesang Zürichs,

seine Geschichte und seine Förderung.

Ein Wort
an die Vorsteher und Glieder der Gemeinde.

Einleitung.

Der vorliegende Gegenstand besitzt eine hohe, nicht zu bestreitende Bedeutung, aber auch eigenthümliche Schwierigkeiten seiner Behandlung und Erörterung. Er ist ein Bestandtheil des Gottesdienstes, und zwar der, welcher die Gemeinde aus ihrer bloß passiven Theilnahme am spürbarsten herauszieht und zur thätigen Mitwirkung aufruft, weßhalb das Zurücktreten, ja Verstummen des Kirchengesanges im großen Ganzen als eine Folge hierarchischer Bedrückung der Gemeinde stets gleichzeitig mit Erscheinungen dieser Art auftritt; zeitweilige Ausnahmen, welche anderswo ihren Grund hatten, übersehen wir dabei nicht, werden vielmehr die uns zunächst liegende besprechen. Schwierig sodann wird die Behandlung dieses Gegenstandes, weil der Hymnologe zwischen dem strengen, schulmäßig abgrenzenden, darum nicht immer kunstsinnigen Theologen und dem einseitigen Aesthetiker, dem das religiöse Interesse oft zu stark im Hintergrunde stehen bleibt, in der Mitte sich befindet. Und doch welch' schönes und herrliches Gebiet ist Dieses, auf dem zwei der edelsten Mächte, die Religion und die Kunst, den geweihten Bund geschlossen

1

haben, um vereint mit ihren Segnungen das Erdenleben zu verklären! Welche von beiden ist die erhabenere? Und wenn sie einzeln schon so erhebend wirken, wie herrlich muß ihr Zusammenstimmen klingen! Wie menschlich klar neigen sich zudem beide in's Menschenleben hernieder, so daß sie alles vermögen; sie laben den Armen, den einfach Schlichten und Ungelehrten, und eröffnen dem hochstreben=den Geiste würdige Ziele seines Sinnens, Fühlens, For=schens. Ja der Kirchengesang in aller seiner schlichten Volksthümlichkeit ist und bleibt ein edles hohes Gebiet, aller ernsten Beachtung werth.

Einige Bemerkungen über das Verhältniß der Kunst zum Gottesdienste sollen vorangehen.

Der Kirchengesang bildet einen Bestandtheil des Gottes=dienstes. Dieser ist die feierliche Darstellung des reli=giösen Glaubens und Lebens einer Gemeinschaft, durchaus ein freies und menschliches Handeln. Im alten Testa=mente war er bis in seine Einzelnheiten hinein streng gesetzlich geregelt; Christus dagegen hat keine einzige Vor=schrift über solche Feier gegeben. Die Taufe fiel ja lange nur in's Gebiet der Mission, wie dann auch die ältesten Baptisterien sich außerhalb der Kirchen befanden. Nur das Abendmahl besaß die Gestalt einer Gedächtnißfeier, aber über das Aeußere ihrer Ausübung, wann, wie oft, wo, wie? hat er abermals nicht ein Wort gesprochen. Indeß mußte sich und muß sich fort und fort dieses gottes=dienstliche Handeln naturgemäß entwickeln aus dem reli=giösen Triebe; es ist ein Thun zur Ehre Gottes und damit zur eigenen Erhebung, ein Ehrendienst und eine Freude: muß da nicht sofort die Kunst als etwas Verwandtes erscheinen, und willig ihr Können dem religiösen Triebe zur Verfügung stellen? In gleicher Weise tritt sie heran,

wenn man, wie Palmer (in seiner Hymnologie S. 36)
treffend thut, die gottesdienstliche Feier auffaßt als ein
Vorbild der Ruhe, die für Gottes Volk vorhanden sei,
und welche die christliche Gemeinde in ihrem Gottesdienste
nach der Arbeitswoche sinnbildlich vorher genießt. In dem
ruhigern Sinnen und Genießen festlicher Freude an Gott
nahet die Kunst mit ihren Gestalten, Bildern, Klängen, die
Feier zu weihen. Dabei vergessen wir nicht, daß nicht
diese kirchliche Feier allein, ja daß sogar nicht einmal bloß
sie an sich der volle ganze Gottesdienst ist, sondern daß, wie
ja das N. T. so vielfach und ernst betont, jedes Thun im
Erdenleben Gott angehören und daß das Leben der ächten
Liebe der wahre Gottesdienst sein soll. Von diesem löst
sich die kirchliche Feier nicht ab, vielmehr will sie durch
die ruhige Muße nur ernster auf jenes stete Leben in Gott
sich besinnen lehren und zu solchem Thun freudig auf-
muntern; sie will erheben aus der Prosa des zeitlichen
Daseins durch die lebendige Erinnerung an die höchsten
Ideale. Auch so erscheint die Kunst als willkommene
Mitwirkende.

Einigt sich somit die Kunst mit dem innersten Wesen
des Gottesdienstes, so auch mit seinen Zwecken. Die
Erbauung, d. h. die Förderung unsers eigenen religiösen
Lebens ist weder der erste noch der einzige Zweck. Das
Erste bleibt doch die Verherrlichung Gottes. Wenn dieß
auch, recht menschlich gedacht und ausgesonnen, anthropo-
morphistisch klingt, so entspricht es doch unstreitig dem
innersten Pulsschlage des warmen religiösen Lebens. Die
Erbauung findet erst in dieser Verherrlichung Gottes ihre
sichere Quelle; denn die Größe und Hoheit Gottes, welche
wir, ihn ehrend, uns tief und lebhaft vergegenwärtigen
müssen, erhebt uns selbst, die Ehrfurcht vor ihm, die heilige

Freude an ihm wird uns der segensvolle Ausgangspunkt neuer Liebesthätigkeit. Dieses innig zusammenhangende, wechselseitige Geben und Empfangen bildet, sagt Hagenbach (Grundlinien der Liturgik und Homiletik S. 8) „den Puls= schlag und Rhythmus des christlichen Gottesdienstes". Hiezu verhält sich nun die Kunst abermals ganz ähnlich. Vor einem erhabenen Kunstwerke fühlt der irgendwie Empfäng= liche jene Ehrfurcht, die sich gleichsam vor dieser Offen= barung des Göttlichen beugt, ihr die Ehre gibt; aber zu= gleich fühlt sich die Seele auch gehoben und erbaut. Gewiß ist die Kunst noch nicht die Religion, das Kunstwerk oder vielmehr der aus ihm sprechende Genius noch nicht Gott selber; allein wenn der „Cultus des Genius" gefährliche Uebertreibung ist, so hinwiederum das völlige Verkennen des Göttlichen in solchem Kunstwerke eine Armuth des Geistes. Die Kunst sucht die Religion, weil sie für ihre Idealität hier den köstlichsten Inhalt, die reinsten Gestalten findet. Aber die Religion sucht, zumal für den Gottes= dienst, auch die Kunst; denn sie wird allezeit der würdigste und treueste Darsteller und Herold ihrer göttlichen Ge= heimnisse sein. Uebereinstimmend sagt K. Köstlin (Aesthetik I, S. 47): „Sehr nahe steht das Aesthetische (Schöne) der Religion. Die Religion spricht zu Allem, — zu allem Gefühl der Abhängigkeit, der Endlichkeit, der Unvoll= kommenheit das beruhigende, versöhnende Wort; sie lehrt freie Fügung in die allgemeine Ordnung der Dinge, Har= monie des Willens mit ihr; sie weist darauf hin, daß alles einzelne Unvollkommene sich auflöse in eine schließlich sich überall vollziehende höhere Zweckmäßigkeit; ähnlich hebt auch das ästhetische Verhalten über die Unvollkommenheit des Lebens weg, versöhnt, erhebt, beseligt durch das An= schauen reiner Vollendung; es tritt daher zum religiösen

Leben ganz besonders hinzu, um ihm die seiner hohen
Stellung gemäße großartige und erhebende äußere Form=
vollendung zu geben in Cultus und religiöser Kunst."
Allerdings wird die Kunst, sobald sie in den Dienst dieser
höchsten Herrin, der Religion, tritt, aufhören ein Spiel zu
sein, sie wird mit ihren Darstellungen weder die kirchliche
Würde noch die tiefe religiöse Wahrheit verletzen. Zu dem
goldenen Apfel der ächten lebensvollen Frömmigkeit bildet
die Kunst die silberne Schale. Es ist wahr, die ursprüng=
lichen Bestandtheile des Gottesdienstes, das Wort und die
Sakramente, könnten an sich genügen; allein daß so frühe
schon die Kunst hebend und verschönernd sich zu ihnen ge=
sellte, daß frühe schon einige Gesänge erklangen oder daß
da, wo die verfolgten Gemeinden schweigen mußten, wenig=
stens die Wände und Altäre der Katakomben mit ihren
ersten Sinnbildern geschmückt wurden, daß bald nachher
ihre hervorragendsten Redner den Schmuck weltlicher Rede=
kunst nicht verschmäheten, dieß Alles beweist, wie die Kunst
keiner geistigen Erhebung, keiner innigen Feier des Herzens
fremd blieb noch · fern bleiben kann und soll.

Erscheint sonach das Recht der Kunst, an der gottes=
dienstlichen Feier Theil zu nehmen, durchaus erwiesen, so
geben sich sofort die Dicht= und die Tonkunst als besonders
berechtigt zu erkennen. So edel und würdig die Baukunst,
Malerei und Bildhauerkunst sind und wirken, so dienen
sie doch nur zur Einfassung der gottesdienstlichen Hand=
lung und nehmen daran nicht thätigen Antheil. Die Rede=
kunst aber kann nicht von der Gemeinde geübt werden.
Allerdings dichtet diese selbst weder ihre Lieder noch schafft
sie ihre Weisen, auch diese Kunstwerke erhält sie gleich
denen der drei bildenden Künste als fertige zum Gebrauche.
Aber Lied und Weise eignet sie sich, und dieß muß sie thun,

sofern sie dieselben gebrauchen will, ungleich unmittelbarer
an als jene Kunstwerke nie, und sie kann sich der erstern
nur bedienen, indem sie selbst mit Herz und Mund thätig
ist; beide werden ihr durchaus zum Eigenthum, die laute
gottesdienstliche Sprache der Gemeinde. Natürlich wird nun
jede dieser Künste zum Dienste der Religion ihr bestes
Festgewand anziehen sollen voll Würde und Wahrheit. So
entstand das Kirchenlied und der Kirchengesang. Das
Kirchenlied ist das religiöse Volkslied; das ächte
Lied, namentlich das ächte Volkslied bewährt sich stets durch
seine Singbarkeit; denn das Volk spricht oder deklamirt nie
ein Lied, seine gehobene Sprache ist allezeit der Gesang.

I. Des Kirchengesanges hohe Bedeutung.

Die Geschichte, diese große Lehrerin, bietet aus alten
und neuen Zeiten Beweise dafür, daß das ächte Kirchen=
lied in seiner unlösbaren Verbindung mit dem Gesange
eine wahre Großmacht ist, und die Kirchen= wie die Dog=
mengeschichte thun nicht gut, diesen mächtigen Hebel zu
großen und tiefen Bewegungen zu übersehen. Sekten und
besondere Richtungen wie die Gnostiker und Arianer der
ältesten christlichen Kirche, der Pietismus in mancher seiner
besonderen Erscheinungen haben durch Benutzung des Kirchen=
liedes einen nicht unwirksamen Förderer ihrer Ansichten und
Bestrebungen gewonnen; hinwieder ist das Kirchenlied mit
dem Gesange das treueste und dankbarste Kind seiner
Mutter, der Reformation, gewesen, und hat selbst die katho=
lische Kirche gezwungen, daß sie, ob auch widerstrebend,
den Bann des Schweigens, den die Hierarchie seit einem
Jahrtausend über die Gemeinde gelegt, allmälig zu lösen
beginnt. Die Bedeutung des Kirchengesanges im Beson=
dern liegt nun zu allererst in seiner engen Verbindung

mit dem Kirchenliebe. Unter all' den reichen und mannigfachen Kunstformen der Musik ist das Lied die einfachste und natürlichste. Im Liebe geben sich am lebendigsten und klarsten kund die Gefühle, welche nach Freude oder Schmerz die Seele bewegen; im Liebe liegt „die erste und unmittelbarste Offenbarung der Musik, der Tonsprache, durch welche der Mensch seine Leiden und Freuden, seine Gefühle überhaupt aussprechen kann." So hat denn auch Dr. K. E. Schneider nicht ohne Glück versucht, die Perioden der Musikgeschichte nach der Gestaltung des „Liedes" zu bestimmen. Die Dichtkunst ist eine zu nahe Verwandte der Tonkunst, als daß nicht auch in ihr das Lied gleichen Ranges und gleicher Bedeutung erschiene, in beiden Gebieten allerdings nicht als die höchste Kunstgattung, wohl aber als der naturgemäßeste Ausdruck des innern Lebens, als die menschlichste wahrste Leistung der Poesie und der Musik, somit am Ende doch das Höchste der Kunst, sofern diese ihre schönste Aufgabe darin findet, des wirklichen konkreten Lebens edelster und treuester Ausdruck zu sein nach Maaßgabe ihres Könnens und ihres eigenthümlichen Wesens. Das Kirchenlied vollends hat sich in der Entwickelungsgeschichte des religiösen Lebens am herrlichsten bewährt, wo es seinen Ursprung, das Volkslied, nicht verläugnete, wo es als der volksthümliche Ausdruck des Glaubens der Gemeinde erklang, wo es (sagt Gödeke) „in einfachen Naturlauten ohne Verschmähung der sinnlichen, farbenreichen Schilderung ertönte." Nicht durch das Lesen, sondern durch den Gesang bricht es sich seine Bahn; denn gesungen muß es werden, und es bleibt ein sicheres Merkmal der Trefflichkeit und Aechtheit desselben seine Singbarkeit. Wie ergreifend und segensvoll es wirke, wenn es als Gebet benutzt wird, im Gesange erst, und zwar im

Gemeindegesange bewährt es seine volle Kraft. Wie maje=
stätisch klingen die Worte des Lutherliedes: „Ein' feste Burg
ist unser Gott!" oder Philipp Nicolai's prachtvolle Schö=
pfungen: „Wie schön leucht' uns der Morgenstern" und:
„Wachet auf! ruft uns die Stimme"; aber welche Wir=
kung entfalten sie und mit ihnen Tausende solcher Lieder
erst unter den Harmonien ihrer großartigen Weisen! Und
wo Lied und Weise auch nicht solch' hohen Flug gewagt
haben, überall bewährt sich's doch, daß diese beiden zu=
sammen gehören und daß erst jetzt die volle Bestimmung
erreicht, die volle Wirkung geübt werden kann. Dieß tritt
allerdings da nicht ein, wo man einer Weise ein Lied zu=
theilt, nur weil das Metrum zum Rhythmus paßt, wie
wenn z. B. ein Gesangbuch Gerhard's schönes heiteres Lied:
„Befiehl du deine Wege" der ernsten gewichtigen Weise:
„O Haupt voll Blut und Wunden" zuweist, oder wenn
die liebliche, freundlich beschauliche Weise: „Nun ruhen alle
Wälder" dem tiefsinnig betrachtenden Passionsliede Paul
Gerhards: „O Welt, sieh hier dein Leben" (Zürcher Ges. 93)
gegeben ist. Hs. Georg Nägeli, der scharfsinnige Kunst=
kenner, hat in der Vorrede zu seinem Choralwerke mit
treffenden Worten auf den Uebelstand hingewiesen, wie so
oft dem Chorale die passende Textbetonung mangle, wenn
man „wohl hundert Lieder zu eben derselben Tonweise
gedichtet, oft Lobgesängen Tonweisen unterlegt habe, die zu
Klageliedern componirt werden und umgekehrt". Wenn
er auch unstreitig zu weit geht in der Forderung, „jedes
Lied müsse seine eigene Composition haben", so ist er mit
der obigen Rüge in vollem Recht. Jene Uebereinstimmung
zwischen Lied und Weise ist namentlich bei den sogenannten
Stammmelodien vorhanden; diese wurden eigens, meist
unmittelbar, nachdem das Lied gedichtet war, zu demselben

geschaffen, und gar schön und lieblich anziehend ist der
gemüthvolle Freundesbund, der oft zwischen Dichter und
Sänger, manchmal einem frommen Pastoren und seinem
Cantoren oder Organisten bestand. So hat Melchior Frank
(gest. 1639) Meyfart's Lieder gesungen, d. h. in Musik
gesetzt, Joh. Stobäus (1634) die des Valentin Thilo,
Heinrich Alberti seine eigenen und die des berühmten Simon
Dach (1642—50). Um den damaligen Dichterkönig Joh.
Rist drängten sich zwölf solcher Sänger, welche zu seinen
611 Liedern 629 Weisen sangen. Johannes Crüger war
der Sänger der Joh. Heermann'schen, Joh. Frank'schen
und Gerhard'schen Lieder (gest. 1662). Joh. Georg Ebeling
sang die Lieder seines Freundes P. Gerhard u. s. f. Diese
und ebenbürtige Meister waren eben so fromm und kirchlich
gesinnt als tüchtig in ihrer Kunst, um so tiefer erfaßten
sie das Lied, um so treuer legten sie's in Tönen aus, um
so weniger darf Lied und Stammweise getrennt werden.
So sollte im Zürcher Ges. die Weise Nr. 192 bei dem
Liede Nr. 4 stehen, (wiewohl hier zu sagen ist, daß die
Egli'sche Weise jener ursprünglichen völlig gleich kommt);
vornehmlich aber das Lied Nr. 297 seine Stammmelodie
Nr. 140 haben, statt der zwar schönen, hier aber sehr un-
passenden Melodie 103 u. s. f. Sofern also, sagen wir
zusammenfassend, der Kirchengesang der Gemeinde schon als
nothwendigen Text, weit mehr aber in edelster, seelenvoller
Auslegung das Kleinod des Kirchenliedes nahe legt, besitzt
derselbe in sittlich und kirchlich religiöser Hinsicht große
Bedeutung.

Jn gleichem Maaße kommt sie ihm zu, weil er der
kirchliche Gemeindegesang ist. Jede Kunst feiert
ihre wahren Triumphe dann, wenn sie in den Dienst einer
hehren Jdee tritt und irgend einen Zweig des Volkslebens

veredeln hilft. So thut die Tonkunst im ächten Volksgesange, des Volksgesanges würdigste und umfassendste Er-
scheinung ist der Kirchengesang der Gemeinde. Wer kann
den hohen Werth und den großen und wohlthätigen Einfluß des Volksgesanges auf das Volksleben bestreiten?
Ausschreitungen wird man billiger Weise nicht ihm selbst
zur Last legen. Ist es denn nicht wahr, daß seit Nägeli
das Gesangleben kräftig und schön sich entwickelt und auch
außerhalb seines engsten Kreises gar liebliche Blüten und
Früchte getrieben hat? Je treuer und unverkünstelter es
an seinem Ursprunge festhielt, desto erfreulicher gedieh, desto
mehr wirkte es. Auch den Kirchengesang hat es gehoben;
denn so nöthigt uns zu urtheilen die Vergleichung seines
Zustandes im Anfange dieses Jahrhunderts mit dem gegenwärtigen. Kann aber nicht der Kirchengesang eine helle
Sonne sein, soll er nicht eine solche werden, deren Strahlen
aus den geweiheten Andachtsstunden herausleuchten in das
Familienleben, in kleinere und größere Kreise? O wahrlich,
vermöge seines Einflusses nach allen Seiten und in alle
Gebiete ist er sehr bedeutsam. Wir meinen nicht, jene
Zeiten ernster Begeisterung sollten wieder anbrechen, wo die
Leute, nachdem sie im Gotteshause lange hatten schweigen
müssen, ihre Psalmen und geistlichen Lieder nun auch braußen,
in der Wohnstube, Werkstätte, bei der Arbeit, auf den Stra-
ßen, selber — und nicht spottweise, sondern ernst gemeint
— im Wirthshause sangen. Aber wir glauben an die Macht
des Volksgesanges, nur daß auch seine Früchte wie alle im
Volksleben langsam reifen; und noch inniger glauben wir
an die Macht des Kirchengesanges und möchten ihm Boden
gewinnen in allen Herzen. Seine vollsten Strahlen läßt
er fallen auf den Gottesdienst selber.

Darum fragen wir noch nach seiner Bedeutung,

mithin auch Stellung im Gottesdienste. Der Refor=
mation gebührt das Verdienst, das wesentliche, ächt evan=
gelische Stück des Gottesdienstes, die Verkündigung des
Gotteswortes mittelst der Predigt wieder hervorgezogen
und in seinen richtigen Werth wieder eingesetzt zu haben.
Es mußte ja naturgemäß die heil. Schrift wieder in ihre
unveräußerlichen Rechte eintreten, so bald erst das Evan=
gelium wieder als die Botschaft der göttlichen Gnade war
erkannt und anerkannt worden. So kam es, wie Alex.
Schweizer (Homiletik S. 79) betont, daß die positiven An=
ordnungen wesentlich dem Homiletischen galten, zumal der
Wiedereinführung der Predigt, das Liturgische dagegen, in
dessen schwülstigen und unwahren Formen das Verkommen=
sein der Kirche so stark sich offenbart hatte, zuerst nur negativ,
beschränkend und abwehrend behandelt wurde. Wenn hie=
durch dieses Element anfangs zu sehr hinabgedrückt wurde,
so daß z. B. die Orgeln weggeschafft und der Kirchen=
gesang erst spät angeordnet wurde, so geschah es nicht aus
Mißkennung, sondern im starken Bedürfnisse des Augenblickes
und in der Noth eines ernsten Kampfes. Auch die refor=
mirte Kirche war nicht so sehr arm an liturgischem Ge=
fühl und Verstand, wie Stier (Worte des Wortes I, 268)
zu sagen beliebt hat; vielmehr hat sie später das litur=
gische Element in voller Gleichberechtigung neben das
homiletische hingestellt und ausgebildet, Zwingli selber hat
ja schöne Anfänge geschaffen. Der Gottesdienst wird
stets das vorhandene religiöse Leben darstellen, daneben
aber eben so sehr dasselbe als werdendes vorführen
und fördern. Beide Zwecke stehen neben einander. Dem
erstern dient das liturgische, dem letztern das homiletische
Element. Jenes erscheint im Kirchengesange und Kirchen=
gebete. In diesen beiden ist der Geistliche Werkzeug der

Gemeinde und ihr Organ, im letztern als der allein laut
Betende, in jenem wenigstens als der, welcher aus dem
Kirchengesangbuche die Auswahl trifft. Zugleich tritt der
Gegensatz zwischen dem Geistlichen und der Gemeinde,
welcher im homiletischen Theile vollständig da ist, hier
zurück, bei dem Gesange vollends, und hier vornemlich
nimmt die Gemeinde thätig am Gottesdienste Antheil, ihr
religiöses Leben aussprechend mit den Worten und in den
harmonischen Klängen des Liedes. Sofern der Gottesdienst
sowohl nach seinem Begriffe als auch in jeder konkreten einzelnen Feier dieses Unterschiedes und dieses „klerikalen Gegen-
satzes" bedarf zu seiner rechten Belebung und Wirkung, ergibt
sich das Recht, ja die Unentbehrlichkeit dieser einzelnen Akte,
mithin auch die bedeutsame Aufgabe des Kirchengesanges.
Thut man schon nicht gut und nicht ganz recht, die Bedeutung des Kirchengeläutes so sehr äußerlich bloß in die
Bezeichnung des Anfanges und Schlusses zu setzen, während
doch diese besondere Art des Klanges zumal bei dem er-
freulichen Fortschritte der Glockengießerei wie bei ihrer willi-
gen Aufnahme gewiß ihr bestimmtes festliches Gepräge trägt,*)
so liegt in dem Kirchengesange, der frisch, voll, harmonisch
der Menschenbrust entströmt, vollends eine ungleich höhere
Bedeutung. Hier lobsingt und dankt und betet die Gemeinde
mit Einem Munde, hier quillt die Andacht rein und lebendig,
Wort und Ton wecken sie im Innersten. Nun liegt sie,
auch nachdem der Gesang verklungen, über der Gemeinde,
die Herzen stehen offen und werden leichter, freudiger in
das gemeinsame Gebet einstimmen können. Und hat der
Gesang, mit letzterm geeint, dem Gottesworte und seiner

---

*) Auch Hagenbach (Grundlinien der Liturgik und Homiletik)
erinnert (S. 57, Anm. 9) daran, daß selbst das Geläute „nicht ohne
liturgische Bedeutung sei".

Verkündigung nicht den Weg gebahnt? Wenn aber nach der Predigt nochmals der Gesang erklingt, schallt er nicht wie Dank, wie Bestätigung des verkündigten Wortes und vermögen seine Nachklänge nicht manche Seele treu und fest hinauszubegleiten in die Niedrigkeit und den Kampf des Alltagslebens? Nein, der Kirchengesang ist keine bloße Beigabe, kein bloßes, laut werdendes Zeichen zum Beginne und zum Schlusse, kein menschlich willkürlich ersonnener Schmuck der gottesdienstlichen Feier, sondern ein natur= gemäßer, tief begründeter, edler Bestandtheil eines ächt evangelischen Gemeindegottesdienstes, größter Beachtung, fleißiger und einsichtiger Förderung würdig.

II. Entwickelung des Kirchengesanges in Zürich.

Wir versuchen in Folgendem aus den Originalakten, welche uns vorzüglich das Staatsarchiv in Zürich dar= geboten hat, und aus einigen der vielen zerstreuten Angaben, wie sie uns allmälig erreichbar geworden sind, ein schlichtes, getreues Bild zu geben, bitten aber in Betracht der großen Zerstreutheit der Quellen um Nachsicht, wenn wir auch nicht hoffen, wesentliche Lücken gelassen zu haben. Es ist dabei vorzugsweise der Gesang selbst in's Auge gefaßt und sind die einzelnen Liedersammlungen nur erwähnt worden, so weit es zum Verständnisse nöthig ist. Eine eingehende Geschichte des Kirchengesanges in der deutsch reformirten Schweiz wird den Gesangbüchern um so mehr Aufmerksam= keit zuwenden müssen.

Im Brachmonat 1524 wurden in Zürich die Bilder bei verschlossenen Thüren in möglichster Stille und im Beisein eines Rathsgliedes und eines Geistlichen aus den

Kirchen entfernt, ebenso das geweihte Wasser, die Kerzen, das Oel. Am 9. Dezember 1527 wurde die Orgel im Großmünster abgebrochen. Der Gesang verstummte, keine andere Stimme erscholl in Zürichs Kirchen, als die des Predigers. Erst im Jahre 1598 ertönte wieder ein schüchterner Gesang, aber Jahrzehnte dauerte es, bis die Gemeinde seinen Werth verstand, und noch länger, bis sie vollen Chores einstimmte. Auch Genf hatte für den Gesang in seinen Kirchen geraume Zeit keine Stelle gefunden, jedoch gewann er dort früher wieder Eingang. Bei der Frage über das dießfällige Verhalten Zwingli's, der gleich seinem Freunde und Mitarbeiter Leo Jud der Musik und des Gesanges sonst so sehr kundig und dieser Kunst wie allem menschlich Schönen so innig zugethan war, ist vor allem dem Vorwurfe, er habe den Kirchengesang abgeschafft, mit Ebrard zu erwiedern, Zwingli habe doch nicht etwas abschaffen können, was gar nicht vorhanden war. Denn man beachte: Einen kirchlichen Gemeindegesang besaß die Kirche nicht; kaum daß bei Wallfahrten und ähnlichen, halb kirchlichen, halb volksthümlichen Festlichkeiten ein Volksgesang erscholl, und zudem war dieser, der sich allmälig aus der natürlichen Gesangeslust im Volke ergeben hatte, von dem Clerus nur geduldet, in den seltensten Fällen begünstigt, auch dann nur von einzelnen, freier gesinnten Geistlichen. Der regelmäßige, gesetzlich bestehende Kirchengesang war nur der des eigens gebildeten Chores bei Messe und Hochamt. Es ist wahr, daß Luther und Oekolampad bald, Calvin etwas später den Kirchengesang begründeten und einführten. Dazu ermunterte ja Zwingli seinen Oekolampad, als ihn dieser 1526 um seine Ansicht über kirchlichen Gemeindegesang fragte, sehr lebhaft. In Betreff seiner eigenen Unterlassung darf man an sein bewegtes, arbeitsvolles Leben und besonders an

sein frühzeitiges plötzliches Ende erinnert. Mit dem Ver=
fahren gegen die Bilder und Altäre darf das Verhalten
zum Gemeindegesange nur sehr behutsam zusammengestellt
werden. Luther mußte im höchsten Interesse der Refor=
mation allen Ernstes der Bilderstürmerei, die Karlstadt
und andere angefacht hatten, entgegentreten, und seine
Mahnung, die Schwachen nicht zu ärgern, bezeugt, welch'
eine verschiedenartige Stellung er mehr in erhaltendem
Sinne einnahm, als Zwingli, welcher den Verehrern der
Bilder diesen Anhaltspunkt zu entziehen gedrängt war.
Ullmann's Aeußerung: „Luther reformirte mehr von innen
heraus, faßte vor allem den wesentlichen Glaubensgeist
in's Auge, war gleichgültiger gegen die Form und ließ
sich von seiner poetischen Natur gerne vieles von alt=
heiligen Formen gefallen, was nach dem Prinzipe strenger
Schriftmäßigkeit ausgeschieden würde. Zwingli faßte rasch
dieses Prinzip auf und führte es durch mit fast gar keiner
Schonung des Bestehenden in verstandesmäßiger Schärfe"
(vgl. theol. Studien und Kritiken 1843) mag auf die
Entfernung der Bilder passen. Ebenso muß man hierin
die Umgebungen und Verhältnisse beachten, unter denen
beide Männer wirkten. Luther war während der Jahre
seines Klosterlebens diesen kirchlichen Formen lange so nahe
gestanden, daß eine gewisse Pietät dafür ihn wohl oft be=
stimmen mochte. Wenn ihm dieselben ferner als ein Theil
der pharisäischen Werkheiligkeit, das damalige alte Kirchen=
thum als Judenthum erschienen, so trat ihm der Gegensatz
gegen wahres Christenthum doch milder entgegen als dem
schweizerischen Reformator, der in seinem freiern, bewegtern
Leben nicht berührt von solcher Pietät die kirchlich sittlichen
Uebel als heidnisches Verkommen auffaßte und dem die
Kluft zwischen Ideal und Wirklichkeit viel tiefer und breiter

erscheinen mußte. Setzte ja doch Zwingli, der eifrige, treue
Eidgenosse, alle diese kirchlichen Mißbräuche sofort in viel
innigere Beziehung zum Volksleben und seiner politisch
sittlichen Zerrüttung, als Luther, der Klostermann, lange
nicht thun konnte! Luthers Ausspruch: „Was fragt Gott
nach Zeit, Ort, Gefäß, Bilder, Glocken, Orgeln, Licht und
Lampen? Mit dem Evangelio muß man die Bilder brechen.
Dann kann man sie stehen lassen, bis sie zerbrechen, gleich
als wenn der Schlange das Gift genommen ist. Die Künste
soll man nicht zu Boden schlagen, ich sehe sie gerne im
Dienste dessen, der sie gegeben hat" — zeigt wohl seine
Auffassung und sein Verfahren, trifft aber unsern Zwingli
keineswegs. Diesem, welcher ohnehin einen scharfen, staats=
männischen Blick, darum auch viel Talent und Neigung zu
organisatorischer Thätigkeit besaß, vollends aber die reich=
lichste Aufforderung dazu rings um sich sah, mußte in seinen
kleinern Verhältnissen mitten im bewegten Kampfe der
selbstständigen, mit äußerster Zähigkeit ringenden Republiken
die Gefahr weit ernster vorkommen. Kein mächtiger Fürst,
den auch der Gegner hochachten und um politischer Rücksicht
willen schonen mußte, stand ihm zur Seite wie Luthern.
Wohl stützte er sich auf die Besten im Lande; aber ihnen
standen Mächtige, Einflußreiche entgegen, die mit dem Gelde
der ausländischen Kriegsdienste und Pensionen Tausende
lenkten und beherrschten. Den Rath gewann er nur all=
mälig so sicher, daß seine Mehrheit sich nicht mehr scheute,
der Macht mehrhundertjähriger Uebung entgegen an die
die Sinne bethörenden Ceremonien Hand anzulegen, noch
erschrack bei den warnenden und bald drohenden Stimmen
aller Miteidgenossen. Wenn der Reformator in seinem
Zürich die bedenklichen Schwankungen sah, und die An=
strengungen der Freunde des Alten, die heraufziehenden

Gewitterwolken, so fühlte sich sein frommer Muth zu seinem ernsten Vorgehen recht eigentlich gedrängt; an das Bestehen der Ceremonien, Bilder u. s. f. knüpften die Anhänger des Papstthums noch ihre Hoffnungen. Darum urtheilte Zwingli: „Sind die Nester abgethan, so kehren die Störche nicht wieder." Aber würdig wurde die Entfernung vollzogen, Zwingli war zu kunstsinnig, um irgend welchen Vandalis= mus zu üben. Allerdings entbehrten jene Kunstleistungen, auch der Gesang, so völlig jeder edlern Gestaltung, daß man nur auf die Beschlüsse des spätern Tridentiner Concils hin= weisen kann, welches im Begriffe stand, die Figuralmusik völlig aus der Kirche zu verbannen. Mußte jenes so urtheilen, dessen Prälaten doch wahrlich an sinnlosen unwürdigen Aeußerlichkeiten viel ertragen mochten, wie mußte Zwingli's keuscher Kunstsinn sich abgestoßen fühlen! Auch Erasmus äußerte sich*) geringschätzig genug über den täglichen Gesang der römischen Kirche: „Ehemals kam das Volk zusammen, mit gottseligen Gesängen Gott zu preisen. Aber dießmal sind viel indocti, ne dicam deliri, ungelehrte, habe bald gesagt, unsinnige Gesänge in Uebung." Der Nachfolger Oekolampad's in Basel, Oswald Mykonius (gest. 1552), hatte schon im Jahr 1524 in seinem „treuen Rath an die Priester der Schweiz, ihr Lästern gegen die Zürcher einzustellen" gesagt: „Da kann man bisweilen nichts hören als einen Ton, der durch hunderterlei Modulationen ohne Worte hindurch= gezogen wird, wie es sogar bei einer verliebten Arie lächerlich gefunden würde. — Dieß alles (er meint die Meßgesänge) schafft keinen Nutzen; denn weder der Sänger noch die Zuhörer können das Gesungene verstehen, da der musikalische Lärm alles übertönt und die Worte

---

*) Vgl. Hottinger's helv. Kirchengeschichte II., 799.

2

unverständlich macht. Wo ist da die Andacht, wo die Erhebung des Gemüthes zu Gott?" — Und später fährt er fort: „Auch die Orgeln dienen zu nichts anderm, als daß sie den bereits zu Gott erhobenen Geist irre führen; daher ist offenbar, wer unter einem so guten Scheine diese eiteln Dinge in die Kirche eingeführt hat. Ich meine namentlich den gregorianischen Gesang; denn es gibt auch einen andern, wo das Evangelium, die Episteln, das Gebet des Herrn und die Psalmen gesungen werden, der nicht so ungereimt ist, wenn wir ihn nicht ungereimt machten durch das Geschrei und die Wandlung der Töne." Zwingli selber hat nicht häufig, doch aber in seiner Auslegung der Schlußreden im 45. Artikel über den Chorgesang seiner Zeit gesprochen. Kaum der Tausendste verstehe etwas davon, an einem solchen „Mönen" und „Murmeln" könne weder Gott noch ein vernünftiger Mensch Freude haben, noch sei solches in Gottes Wort geboten; Kol. 3, 16 meine doch Paulus nicht „das brülen und murmeln in den tempeln, sondern ein gottgefällig gsang", wobei allerdings Zwingli den eigentlichen Gesang gegenüber dem Lobgesang im Herzens= gebete zu wenig betonte. Wie das ganze bisherige veräußer= lichte Kirchenwesen erschien ihm auch dieser Meßgesang als ein Kirchenwerk, auf das man oft ein Verdienst gründen möchte. „Hast nit ghört, sagte er ernst und ironisch, daß du ghein werk schätzen sollt, wie gut es sye; denn so man uns das gestattete, so wurdind wir unser werk so thür schätzen, daß uns Gott sie kümmerlich möchte bezalen". Gleichzeitig mag auf ein fast noch bedeutenderes Wort Zwingli's hingewiesen werden. „Des Menschen Andacht, sagt er, ist so kurz und schnell, daß er gar nit lang mit worten und herzen anbächtig ist; aber mit dem in= nern sinn und gedanken im Herzen mag er den andacht länger verstrecken." Gewiß ist diese Bemerkung trefflich; ihre volle

Anwendung findet sie jedoch nur auf jenen lang gedehn=
ten klerikalen Meßgesang, zu dem die Anbetung hinab=
gesunken war, keineswegs aber auf den kürzern, an sich
wegen seiner Kunstlosigkeit einfachern, durch die Worte klar
verstänblichen Gemeindegesang. Aber wir gewinnen daraus
einen neuen Einblick in seine Anschauungen, in benen er
seine eigene Gesangeslust dem Heile ber neu zu erbauenden
Kirche so ganz zum Opfer brachte. Nicht ber Kunst an
sich galt also die Entfernung unb Fernhaltung, sonbern
ihrem Mißbrauche, ihrer tiefen Entartung, in ber sie auch
den Gottesbienst entwürdigte; ihr Inhalt besaß nichts Christ=
liches mehr, sie hob nicht, sie leitete irre. So gewiß Calvin
freubig Hand anlegte, als die Psalmen, von Marot zuerst,
nachher von Beza übersetzt unb mit den Weisen französischer
Volksmelobien versehen, einen biblisch=christlichen Inhalt
darboten, so hätte ber noch kunstsinnigere Zwingli bas
schöne Gesangbuch bes ebeln Konstanzers Johannes Zwick
im Jahr 1540 gleich herzlich begrüßt unb alles gethan,
um die Gemeinbe singen zu machen. Aber ber Tob hatte
sein Helbenleben rasch geknickt.

An Ausbehnung unb Bebeutung kam die Wirksamkeit seines
Nachfolgers Heinrich Bullinger ber seinigen gleich, unb es
ist somit auch für ihn die erwähnte Rücksicht maßgebenb, wir
verstehen seine kurze, bünbige Aeußerung: „In unsern Kirchen
wirb nicht gesungen, Lehre, Prebigt unb Sacrament werben
fleißig geübt. Wir haben keine kanonischen Stunden, sie sinb
abgeschafft. An ihre Stelle ist Bibellection getreten." Aber
gleichwohl beweist die zweite helvetische Confession, Bul=
lingers Werk, durch ihren 23. Artikel, wie die Ansichten
über ben Kirchengesang sich seit Zwingli gemilbert hatten;
empfahl er ja benselben für die Kirchen, in benen die Mög=
lichkeit bazu vorhanden sei. Genauer läßt in die An=

schauungen jener Tage hineinsehen eine Abhandlung vom Jahr 1586: „Von dem christlichen Gesang. In der Kirchen und Gemeind Gottes ze bruchen ein kurzer Bericht, in welchem fürnemlich erklärt wird, ob das Gsang in den Kirchen ein frei gelassen Ding sei, so man brauchen möge ober nit, da mans haben mag, und was für nutzbarkeit hieraus erfolge. Alles mit grund heiliger Schrift und der alten und ersten apostolischen Kirche Beispiel bestätiget." Die schöne Vorrede, welche Joh. Zwick seinem Gesangbuche von 1536 und 1540 „zur Beschirm und Erhaltung des ordentlichen Kirchengesanges" vorangesetzt, hatte ihre Früchte allmälig reichlich getragen und die nunmehrige liebevolle Beurtheilung desselben wohl hauptsächlich bewirkt. Manches Gute, so wird nun in dieser Abhandlung gezeigt, sei gleich dem Kirchengesange von Anfang der Reformation an weggelassen worden, da man nicht auf einmal alles habe verbessern können. „Man muß zuerst das Fundament legen, ehe man anderes darauf bauen mag, ja man hat oft mit dem genug zu schaffen und kann den Bau nicht weiter fördern. Mit Abschaffung der Mißbräuche und des Aberglaubens hatte man so lange zu thun, daß man sich wundern muß, wie in den damaligen schweren Trübsalen das Fundament so gut konnte gelegt werden. Ferner mußte zuerst abgeschafft werden der Mißbrauch des lateinischen Gesanges mit seinem vielen Ungöttlichen, es waren nicht gleich entsprechende Gesänge in der Muttersprache vorhanden." Sind das nicht sehr natürliche und anschauliche Gründe?

Inzwischen hatte man nicht nur in der lutherischen, auch in mehrern reformirten Schweizerkirchen den Kirchengesang eingeführt und frisch und freudig blühete er auf. Im Kanton Zürich hatten einsichtige und kundige Männer denselben zu pflegen begonnen. Die Lust zum Kirchengesange hatte schon da und dort Befriedigung gesucht. Heinrich Goldschmied, Pfarrer in Seuzach, hatte 1546 dem Rathe der Stadt Winterthur ein Musikwerk für die bortige Jugend gewidmet, welches bisher ungekannte Vorzüge besaß. „Jetlicher Vers war besonders genotirt und jetliche Noten stand ob der jr zugehörenden Sylbenn." — „Ich habe", sagt der genannte Verfasser in der Vorrede, „nit nachgelassen, biß die kinder mengen schönen loblichen und heiligen Psalmen hand können, mit mir, zu Lob und Eeren Gott unserm Herren, offenlich in der Kilchen singen und fürnehmlich uff die brei hohen und sust etliche Fest u. s. f." Dieß hatte er, als er diese Vorrede schrieb, schon „mee dann britthalb Jar getriben." So würde also in der Kirche zu Seuzach der früheste Kirchengesang in unserm Kantonsgebiete erklungen sein aus dem Munde der Kinder und vorerst nur an Festtagen. Winterthur, in dessen Schulen der Gesang emsig geübt wurde, scheint bald nachgefolgt zu sein; um 1559 war bort wie in Stein am Rhein Kirchengesang gebräuchlich. Vermuthlich im Anschlusse an bisherige Uebung und im Streben sie zu förbern, sollten nach dem ältesten Schulplan von Winterthur aus dem Jahre 1571 an allen Sonn= und Festtagen alle Schüler, die „bas Alter, Verstand und Vernunft haben", zur Kirche geführt werden, und die Lehrer sollen, „ee man anheb ze prebigen, ein Psalmen oder sunst ein geistlichs Gsang mit den Knaben singen. Nach vollendter Predig aber ein andern Psalmen oder sunst ein geistlich Lied, das in den Kilchen brüchig ist, anheben, ober so der vorbrig nütt ußgsungen war, vollenden." Auch sollten die Schüler alle Sonn= und Festtage eine halbe Stunde vor dem Gottesdienste in die Schule kommen und „sol man sy in derselben Zyt mit Singen der Psalmen und geistlichem Gsang üben, damit sy in der Kilchen mitt

Singen desto feriger seyend." Der zweite Schulplan von 1635 wiederholt diese Bestimmungen. Der Schulplan der deutschen Schule zu Zürich vom Jahr 1587 erwähnt den Psalmengesang ebenfalls unter den Gegenständen des Unterrichtes.

Im Jahr 1543 hatte Calvin die 30 Psalmen, welche der französische Dichter Marot in Paris metrisch meistens nach beliebten französischen Volksmelodien übersetzt hatte (während er 20 weitere erst nach seiner Flucht vor den Verfolgungen der Katholiken bei seinem Aufenthalte in Genf bearbeitete) mit diesen ihren Volksweisen herausgegeben und zwar ausdrücklich für den gottesdienstlichen Gebrauch. Einige fernere bearbeitete Calvin selbst, zu Vollendung des ganzen Psalters beredete er seinen Jugendfreund, Theodor Beza, damals Professor in Lausanne. Im Jahr 1560 erschien das vollständige Werk, 1561 in mehreren Städten Frankreichs mit königlichem Privilegium. Noch besaßen die Psalmlieder nur die einstimmige Weise, mehrentheils eine Volksweise. A. Franc hatte schon 1545 zu Straßburg die 50 Psalmen von Marot, musikalisch bearbeitet, erscheinen lassen. Vielleicht die nämlichen 50 hatte zwei Jahre später Louis Bourgeois vierstimmig in Lyon herausgegeben. Auch Claudin le jeune bearbeitete nach Winterfeld eine Anzahl von Melodien. Im Jahre 1565 erschien dieser französische Psalter mit den vierstimmigen Tonsätzen des größten damaligen Tonmeisters, Claude Goudimel (geb. um 1510 in der Franche Comté, gefallen als ein Opfer des Fanatismus 1572 in Lyon). Immerhin scheint er die Vierstimmigkeit nicht sowohl für den öffentlichen, sondern nur für den Gebrauch in Schule und Haus verstanden zu haben. Dieses köstlichen Liederschatzes bemächtigte sich der Professor der Rechte in Königs-

berg, **Ambrosius Lobwasser** (1515—1585); im Jahr
1565 hatte er seine Uebertragung im Anschlusse an die
französischen Versmaße und Weisen vollendet, im Jahr 1573
kam sie heraus. Er meinte das Bedürfniß nach einem
deutschen Psalter befriedigt zu haben. Seine Arbeit kann
vom Standpunkte der Gegenwart, vornemlich aber einer
ächten Poesie nicht eben günstig beurtheilt werden. Zu
einiger Rechtfertigung darf jedoch daran erinnert werden,
daß Lobwasser sich vor Allem an die französischen Versmaaße
anschließen wollte, um den edeln Melodienschatz zu gewinnen. Diesen in seinem hohen Abel erkannt zu haben,
gereicht ihm jedenfalls zum Verdienste. Jene Strophen
aber sind im Ganzen sehr schwerfällig, mitunter ziemlich
künstlich, und boten einem Uebersetzer nicht geringe
Schwierigkeiten. Ihm verdanken wir also den Besitz
dieser edeln Melodien und Tonsätze, welche in ihrer
frommen Tiefe und erhabenen Einfachheit den besten
lutherischen und deutschen durchaus ebenbürtig sind. Die
schon vorhandene Gesangeslust schöpfte aus dem Vorgange
Genfs kräftige Nahrung. Einzelne Privatarbeiten waren
erschienen, so im Jahr 1551 Joachim Aberlins „Bibel
oder heilige geschrift gsangsweiß", im Jahr 1588 ein
größeres Gesangbuch mit 54 Psalmen und 167 geistlichen
Liedern. Ein sehr kundiger Förderer der Tonkunst war
auch der fleißige und geschmackvolle Gelehrte, **Johannes
Fries** (1505—1565). Kann auch entgegen überlieferten
Angaben die Ostermelodie zu Nr. 98 des jetzigen (88 des
alten) Gesangbuches nicht von ihm herrühren, da sie zu
Luthers Lied: „Nun freut euch, lieben Christen gmein"
schon 1523 in Wittenberg vorkam, so mag er doch vielleicht sie in Zürich bekannt gemacht haben. Denn er gab
mehrere musikalische Schriften heraus, so z. B. eine Samm-

lung vierstimmiger Melobien zu Horazischen Oben. Schon
um 1560 scheint eine „Berathschlagung der Geist= unb welt=
lichen verorbneten Herren betreffenb bas Singen der Psal=
men" stattgefunben zu haben, wie ein Register in einem
Folianten bes Zürcher Staatsarchives (Gestell VIII, 38)
sagt, auf Seite 363 verweisenb, bie leiber gerabe fehlt.
Jebenfalls brachte sie noch nichts zu Stanbe, wurbe ja
noch 1590 (nach Meyer von Knonau in seinem Kanton
Zürich, II, 74) ber Pfarrer Gabriel Grebel gefährlicher
Neuerungssucht beschulbigt, weil er in einer Prebigt auf
Einführung bes Kirchengesanges gebrungen hatte. Allein
bie Zeit war boch angebrochen, wo man fragte, warum
ber christliche Gesang in etlichen reformirten Kirchen ge=
übt werbe, in anbern nicht. So that ber früher erwähnte
kurze Bericht von bem christlichen Gesang aus bem Jahre
1586. Die Einwürfe gegen ben Kirchengesang, wie sie
bamals laut werben mochten, werben barin nicht ohne Glück
abgewiesen. „Einige sagen", so beginnt biese Abhanblung,
„man könne in reiner evangelischer Lehre stehen unb ben
Gesang boch entbehren; biese Neuerung sei also zu unter=
lassen. Unb boch besitzen manche Kirchen neben reiner
Lehre ben Gesang auch. Eine Verbesserung könne boch nicht
vom reinen Evangelium verwehrt sein." Mit ben oben
angeführten Grünben wirb nun bargethan, warum ber
Kirchengesang bisher gemangelt habe. Wenn jene Grünbe
bamals genügten, so — fährt ber Bericht fort — „sei
ungereimt zu schließen, weil man bamals nicht sang, so
solle man auch jetzt schweigen. Ueberall finbe man ja in ben
neu gehobenen Schulen taugliche Personen; viele, namentlich
auch bie Lanbgemeinben, würben biese Neuerung freubig
aufnehmen. Anbere werfen ein, ber Gesang sei frei ge=
lassen, unb stützen sich auf bas evangel. Glaubensbekenntniß

von 1566, die Confessio helvetica posterior, deren 23. Artikel u. a. laute: „Wo Kirchen wären, die das gläubige Gebet hätten, aber nicht dazu sängen, sollen dieselben nicht gescholten oder verworfen werden; denn es haben nicht alle Kirchen die Gelegenheit zu singen. Also, dieß ergibt sich doch, wo man Gelegenheit hat, soll man den Gesang einführen." Der Einwand, es sei frei gelassen, wird in folgender Weise abgewiesen: „Was zu Gottes Ehre dient, darf nicht unterlassen werden. Der Kirchengesang dient aber doch unbestreitbar zu Gottes Ehre und zur Erbauung des Nächsten. Frei gelassen sind nur Dinge, die bloß der äußern Ordnung dienen." Neben ausführlicher Hinweisung auf die oft angeführten neutestamentlichen Stellen, Col. 3. 1. Cor. 14. Jak. 5. Eph. 5. wird aus Aussprüchen der Kirchenväter, z. B. Tertullians (im Apologeticus), Justins (Apol. 2), des Basilius, Augustins, aus dem Beispiele des Herrn Jesus selber wie des Ambrosius, vornemlich aus dem alten Testament zu zeigen gesucht, daß der Gesang geradezu ein steter Befehl Gottes sei; denn die Uebung des alten Testamentes sei außer in politischen und Ceremonialsachen für das neue Testament verbindlich, darum allein sei dieser Befehl im neuen Testament nicht mehr eigens wiederholt, sondern in obigen Stellen stillschweigend vorausgesetzt. Der Gebrauch von Instrumenten hingegen sei nur levitisch gewesen, finde darum im neuen Testament kein Beispiel, sei mithin abgethan. — Williger als diesen hier nur angedeuteten Ausführungen werden wir dem Verfasser wieder folgen, wenn er weiter hervorhebt, wie „der Kirchengesang von der Kirche wohlthätig auch in die Häuser und in die Jugend bringe und in dieser ärgerlichen Welt nicht zu verachten sei. Gott habe dem Menschen als ein herrlich Instrument die Zunge gegeben, mit ihr den Gesang, sein

Lob zu verkünden. Der Kirchengesang sei ja kein geringer
Theil des Gottesdienstes. Mißbräuchen solle man entgegen=
treten, nicht zu lützel noch zu viel singen, d. h. den Gesang
nicht ausschließen, aber auch nicht den Gottesdienst daran
binden. Er soll nicht höher gestellt werden als die Predigt,
man soll nur singen, was in der heiligen Schrift steht und
ihr gemäß ist. Der Mißbrauch, der hie und da vorkomme,
hebe den rechten Gebrauch nicht auf. Dem Bedenken, die
Einführung des Kirchengesanges im gegenwärtigen Zeitpunkte
müßte den Gegnern gegenüber schaden, sei zu erwiedern,
vielmehr das Unterlassen des Gesanges habe geschadet und
schade noch. Schwachgläubige in der eigenen Kirche soll
man belehren. Uebrigens stoße sich die Mehrzahl an der
Unterlassung. So solle man denn zuerst überall belehren
aus Gottes Wort, aber dann muthig die Hand an's Werk
legen."

Mit diesem Berichte stimmt mehrfach überein der Vor=
trag Raphael Egli's im Jahr 1596. Er war Archidiakon
am Großmünster zu Zürich. Im Jahr 1585 hatte der
Rath denselben der Stadt Winterthur als lateinischen Schul=
meister und Prediger zu St. Georgen überlassen, nach drei
Jahren aber wieder zurückberufen. In einer sorgfältigen
Eingabe bewies er nun dem Rathe, daß der Kirchengesang
als „ein fürnehmes Stück des öffentlichen Gottesdienstes"
bringend nothwendig und wünschbar sei. In seinem Be=
richt vom Kirchengesang geht der Verfasser aus von Art. 23
der Confessio helvetica posterior und es ergeben sich ihm die
Fragen, ob der Gesang, da er kein Mittelding, kein Adiaphoron
sei, sondern ein Theil des Gebetes (1. Cor. 14.), darum
nicht überall sollte geübt werden. Ferner: Ob die Kirchen, die
den Gesang nicht haben, nicht doch ihn einführen sollten.
Für die Beantwortung der ersten Frage beweist er mit

2. Chronik 29, 25—30, daß schon im alten Testament der
Gesang ein Bestandtheil des Gebetes und Gottesdienstes war,
ebenso mit 1. Chronik 6. 15. 16. 25. Die Psalmen thun
dieß ebenfalls dar. Im neuen Testament bedurfte es also
keines besondern Befehls, keiner eigenen Einführung; wenn
Christus auch nichts darüber gesagt habe, so sei doch auch er
dem alten levitischen Gottesdienste angehangen und habe ja
beim heiligen Abendmahle selbst den Lobgesang gesungen,
und nicht gesprochen. Instrumente seien den Juden (nach
Chrysostomus) nur „wegen der schweren kindheit ires ver-
stands" zugelassen worden, aus pädagogischen Gründen.
Neben einer langen Reihe alttestamentlicher Stellen betont
er 1. Cor., 14 (V. 9. 11. 15. 17) im Interesse des Singens
in der Landessprache. Auch der Gesang sei eine der Wunder-
gaben der corinthischen Gemeinde gewesen. Col. 3, 16 bezeuge
sowohl den damals geübten Gesang als dessen innige Verbindung und Uebereinstimmung mit Gottes Worte. „Lehret
und ermahnet einander", sagt er, „denn das gsang erwecket
ein yfer und hat der gmein mann sonst kein stimm in der
kirchen als bise." In dieser Stelle sei der Kirchengesang
von Gott förmlich befohlen. Matth. 15, 13. Er soll dienen
zur Erbauung des Nächsten, zur Lehre und Ermahnung,
und darum einfach sein und verständlich, nicht leeres Getön,
sondern mit heiligen Worten Verstand und Herz erfreuend.
Als von Gott offenbar befohlen kann er keineswegs ein
gleichgültiges Mittelding sein. Richtig geübt ist er an und
für sich schon ein edles Gut und prägt Gottes Wort ein.
Mit dem Herzen lobt auch der Mund seinen Gott. —
Einige behaupten zwar mit Eph. 5, 19, der Gesang sei
nur für das Haus und für Schulen gemeint. Dagegen
werden Tertullian und Clemens angeführt, zu deren Zeiten
die Christen bei ihren Gottesdiensten gesungen haben.

Es gebe nun allerdings, so fährt Raphael Egli immer noch fort, Kirchen, die die Mittel zum Kirchengesang nicht besitzen. Diese dürfen nicht getadelt werden; wohl aber verdienen die Tadel, welche diesem Befehle Gottes nachkommen könnten, aber es nicht thun. Aber, sage man, der Gesang sei nicht das Fundament der Religion. Nein, aber ein edles Stück, mit dem baue man auf das Fundament, nicht Heu noch Stoppeln, sondern Gold und Silber, wie die Lobgesänge der Märtyrer bezeugen. Wolfgang Musculus schrieb in seiner Vorrede zu den Psalmen, gewiß gehe den Kirchen nicht wenig ab, in denen Davids Lobgesänge nicht gesungen werden. — Andere scheuen die Neuerung, sie möchte den gemeinen Mann stoßen, als wäre die Reformation nicht recht, nur mangelhaft geschehen; habe man bisher ohne Gesang bestehen können, so werde dieß auch noch weiter geschehen können. Aber, so erwiedert Egli, man mußte zuerst das Fundament legen. Ferner mußte man zuerst deutsche Psalmen haben, ehe man sie singen konnte. Was aber mit Gottes Wort stimme, könne nicht wohl eine Neuerung genannt werden; es könne also die Einführung des Kirchengesanges nicht schaden, nur erbauen. Bisher sei der Gesang zwar unterblieben, aber nur weil man ihn noch nicht so klar aus der heil. Schrift erwiesen habe. Jetzt aber dürfe man nicht mehr saumselig sein noch widerstreben. Das Abendland habe den Gesang einst auch erst durch Ambrosius erhalten, mehrere reformirte Kirchen auch erst nach der Reformation. Man solle diese so wohl begründete und schöne Sache in Glauben und Gottesfurcht anfangen, so werde die Liebe und Einigkeit nicht Schaden leiden. Die Zeiten seien wohl trübselig, man habe Mühe, das Fundament zu erhalten. Gerade in solchen Zeiten, sagt Egli, habe Ambrosius einst den Kirchengesang begründet und die Zagen herrlich gestärkt.

Gerade auf dem Todesgange haben viele Märtyrer Gesänge angestimmt. Gerade zum Troste soll man singen.
Das Fundament bleibt dadurch erhalten, wenn man Gottes
Willen und Befehl thut, und durch die Psalmen sich in
der Erkenntniß Gottes fördern läßt. —

So weit Raphael Egli. Die Synode war gewonnen. Freudig gaben die Geistlichen ihr zustimmendes Gutachten ab, immerhin nicht ohne die etwas ängstliche Warnung, „cantum
figuratum, sowie auch Musikinstrumente doch ja davon ferne zu
halten, ansonsten es wäger sei, der Gesang wäre ennert dem
Meere, als daß er unsere liebe Reformation entgäste und die
Gewissen beschwere." So beschloß denn der Rath unterm 25. Januar 1598 die Anordnung und Einführung des Kirchengesanges. Es sollte vor und nach
den Predigten Sonntags und Dienstags gesungen und sollten
die Schüler zur Unterstützung des Gesanges in die verschiedenen Stadtkirchen vertheilt werden. Viele ängstliche Gemüther
klagten darüber, als bezeichne diese Neuerung den Beginn
der Rückkehr in's katholische Wesen. Darum hatte der Gesang von Anfang an mit großen Vorurtheilen und Schwierigkeiten zu kämpfen. Wohl hatte noch im Jahr 1598 Raphael
Egli ein „Kirchengesang der gemeinen und brüch-
lichen Psalmen und Festgsängen und geistlichen
Liedern nach der deutschen Melodey für die Kirche
Zürich zusammengedruckt" herausgegeben; es enthielt
37 Psalmen, 28 Festlieder, verschiedene andere geistliche Gesänge und 14 Hausgesänge, sämmtlich mit den Noten ihrer
Melodie versehen und einstimmig, der Auswahl nach in Benutzung reformirter und lutherischer Liederdichter ebenso weit-
herzig wie das Buch von Joh. Zwick, welches vornemlich die
Grundlage bot. Die Psalmweisen Goudimels fehlten hier noch
ganz, ebenso die Lobwasserschen Reime. Auch in die Nach-

mittagsprebigten im Großmünster suchte man den Gesang einzuführen. Vom 21. Juni 1600 melbet das Raths= protokoll: „Uff gethanen Anzug des Pfalmsingens halb, daß dasselbige chriftenliche Werch uff alle Sonntag zu ber Mittagprebig zum großen Münster, als ba ber mehrtheil Mägt, beßglychen junge Töchtern, Dienft unb frembe Hanb= werksgeiellen biesälbige besuchen, gebrucht werben, habenb myne gnäbigen Herren sich erkennt, baß bie Herren Glehr= ten allhie versächen söllinb. Darum hiefür zu ber gewonn= lichen Mittagprebig das Pfalmensingen jngeführet unb wie in anbern reformirten Kilchen auch brüchig, geübt werbe. Da sy bann wol Orbnung werben gäben können, wie bas= sälbige burch bie schüler in ber oberen schul (als benen bas ufgelegt syn soll) wesentlich mit ben cantoribus unb Führern bes Gsangs ins werch gerichtet unb barby gebliben werbe." Aber bie Einführung schritt langsam unb müh= sam voran. In Zürich selbst klang ber Kirchengesang armselig, ba nur selten Gemeinbeglieber in ben Gesang ber Schüler einstimmten. Diese selbst mußten erst zu jedem einzelnen Liebe angeleitet unb eingeübt werben, burch sie lernte erst bie Gemeinbe bie Weisen kennen. Auf bem Lanbe waren ber Hülfsmittel noch weniger. Zu sehr be= ruhte bie Möglichkeit bes Singens auf ber eigenen Fertigkeit unb bem guten Willen einzelner leitenber Personen, ber Geistlichen unb Lehrer, zu wenig Verständniß unb Liebe waltete unter bem Volke. So entfernten sich z. B. nach bem Schlusse ber Predigt bie meisten Gemeinbeglieber, nur wenige sangen mit ben Schülern. Unter biesen Umständen verdient ber Eifer unb bie unermübliche Thätigkeit ber Einzelnen volle Anerkennung. Der Zürcher Antistes Joh. Jakob Breitinger (gewählt 1613) nahm sich bes Kirchen= gesanges kräftig an. Er bemühte sich, ber Gemeinbe ben

hohen Werth desselben nachzuweisen, ermunternd, Aufmerk=
samkeit und Eifer ihm zuzuwenden. Allmälig brachte er's
dahin, daß die Bessern und Einsichtigern bis nach Vollen=
dung des Gesanges blieben. Gegen einige Widerspänstige,
welche auch andere abzuhalten suchten, rief er obrigkeit=
lichen Beistand an, und ein Mandat des Rathes steuerte
diesem übeln Willen. Dem Vorgange des Großmünsters
folgten die übrigen Stadtkirchen, alles gedieh nur langsam.
Unterm 11. Mai 1615, berichten Synodalacten, wurde
beschlossen, der Kirchengesang soll in den vier Pfarrkirchen
gleich gehalten und mit nächstem Pfingstfeste das neue
Psalmenbuch eingeführt werden. Damals ließ man Psalm=
zeddel drucken, deren jeder die Nummer und den Anfang
enthielt und welche an den Kirchthüren aufgesteckt wurden.

Am 4. Juni 1615, so sagt ein Protokoll jener Zeit,
hat man zu singen in allen vier Kilchen allhie angefangen
das neue Psalmenbuch und ist in folgender Abtheilung
fortgeschritten worden, vom ersten Psalmen an." Diese
Eintheilung folgt nun ausführlich; jedem Sonntag ist sein
Psalm oder doch sein Psalmabschnitt mit den bestimmten
„Stücken", d. h. Versen zugewiesen, der Reihenfolge nach,
doch hin und wieder mit Weglassung einiger Psalmen. An
den Festen sollten Festlieder gesungen werden. Die Ein=
theilung kann im Einzelnen keine Bedeutung für uns haben.
Jedoch ergibt sich aus ihr zweierlei: Einestheils waren
die Gesänge also nach Art des Perikopenzwanges zum
Voraus fest bestimmt, anderntheils ward auf die Ausführbar=
keit der Melodie keinerlei Rücksicht genommen. Eine Auswahl
konnte also lange nicht stattfinden. Langsam schritt man vom
1. zum 2. und 3. Psalm u. s. f. weiter. So blieb es mehr
als ein Jahrhundert. Ein anschauliches Bild geben fol=
gende Bemerkungen im Pfarrbuche von Veltheim bei Winter=

thur von der Hand des offenbar gesangeseifrigen Pfarrers Hans Kaspar Waser:

„Zinstags den 28. Jenner 1710 Ist in allhiesiger Kirch zu Feltheim daß Erste Wochengesang mit dem in der ordnung folgenden 78. Psalmen: „Merk auf mein Volk" angehebt worden; welches Gesang führte: Rudolff Freihofer, Alt schulmeister neben seinem Sohn und künftigen Nachfahr seines Vaters, Jakob Freihofer. Gott vermehre dieser ganzen Gemeine die Liebe zu seiner Ehr!"

„Sontags den 22. Weinmonat 1713 hat man die 150 Psalmen Davids der Ordnuug nach in der Kirchen zu singen follendet; folgenden Tags aber als den 23. an welchem wegen angehebten Herbsts die wochen-prebig gehalten worden, mit dem Ersten widerum angefangen."

„Sontags den 18. Christmonat 1718 hat man die Psalmen Davids im offenlichen Kirchengesang abermahl follendet", und

„Sontags den 8. Jenner 1719 widerum angehebt. Die Gnad verleih dr Hr unß allen, daß Ihm mög unser Lob gefallen!"

„1724 den 6. Augstmonat hat mau die 150 Psalmen Davids im gemeinen Kirchengesang widerum zu end gebracht, und Dienstags den 8. darauf auf ein neues angehebt."

„1729 Sonntags den 16. Weinmonat sind die Psalmen Davids mit singen widerum zum End gebracht, und Dienstag den 25. widerum angehebt worden."

Der Gesang konnte sonach unmöglich in ein lebendiges Verhältniß zur Prebigt treten und auch aus dieser keine belebende Anregung empfangen. Zudem fand keinerlei Rücksichtnahme statt auf die leichtere oder schwierigere Ausführung der Melodie, was doch in jenen Anfangszeiten sich von selbst hätte empfehlen sollen, und so hatte sich der

Gesang auch von dieser Seite nicht eben der günstigsten Behandlung zu erfreuen; die gnädigen Herren des Rathes wie die des Kirchenregimentes tasteten an einer Angelegenheit herum, wobei all' ihre Gelehrsamkeit sie im Stiche ließ. Wahr ist immerhin, sie benutzten möglichst die Mittel, welche äußerlich ihnen zu Gebote standen. So war zu jeder der vier Stadtkirchen eine bestimmte Anzahl der ältern Schüler geordnet, um das Abendmahl zudienen zu helfen, das Almosen einzusammeln und den Gesang zu tragen. „Zu St. Peter: Der Herr Zuchtmeister zum Fraumünster samt seinen 15 Knaben und noch 15 uß der 4. letzgen der untern Schule. Zum Fraumünster: Uß der letzgen 8 Knaben nebst der ganzen 5. letzgen der untern Schule. Singen sollte hier auch die ganze teutsche Schule. Zu Predigern: 12 (mit Namen genannte) und uß der 3. letzgen der untern Schul noch 12. Zum Großmünster: Die 5. und 3. letzgen nebst den vorsängern Raphael Egli und Joh. Jak. Urech samt Herrn Schulmeister Fries."

Die Stadt Winterthur scheint sich eines ordentlichen Kirchengesanges erfreut zu haben. Offenbar trugen dort die Bemühungen der Schule ihre Früchte, und wenn die Geschichte dieser Stadt erzählt, am 6. Dezember 1587 haben die Schüler beim Auszug aus dem alten Schulhause den Psalm gesungen: „Da Israel uß Egypten zoch" (Psf. 114), und nach der feierlichen Einweihung des neuen (b. h. des ersten eigens dazu erbauten) Schulhauses den Trostpsalm: „Ein' feste Burg ist unser Gott", so darf wohl auch auf einige Entwickelung des Kirchengesanges geschlossen werden. Zudem bildete sich 1628 ein Musikkollegium, welches sich des Gemeindegesangs lebhaft und erfolgreich annahm.

Das allmälige Gedeihen des Gemeindegesanges zu ver-

folgen und genauer nachzuweisen ist schwer, weil die An=
gaben darüber sehr spärlich und zudem sehr zerstreut sind.
Die Anfänge waren schwierig, die passenden Kräfte fanden
sich nicht immer. Eine solche war Josua Maler, dem
Glattfelden das zeitige Vorkommen des Kirchengesanges
verdanken mag. Er war dann nach Weinfelden gezogen
und starb dort 1610, in der Ostschweiz sehr verdient um
Einführung des Kirchengesanges. In Egg begann man mit
dem Kirchengesang am 1. Februar 1633. Von Stäfa
meldet das dortige Taufbuch: „Uff den 15. tag Hornung
1635 an der alten fastnacht ist das christenliche lobgsang
in Stäfen zum ersten angehebt und yngführt worden durch
mich, Wolfgang Wyßen, dißer Zyth Pfarrer daselbst, mit
hilff Herren Anderes pfänningers, fänderich und ammanns
zu Stäfen; Rudolf Schörrli's, der Zyth Richters im Hoof
Stäfen; Herrn Beat Pfänningers, des jungen Landschrybers
im Hoof Stäfen; Joseph Bumanns des Schulmeisters und
anderer eerlichen Lüthen." — Der beigefügte warme Wunsch
um Segen und Gedeihen spricht deutlich für den Eifer und
Ernst, womit diese Angelegenheit betrachtet und behandelt
wurde. Man sang zuerst — es war der Beginn der
Passionszeit — das Lied: „O Mensch, bewein' dein sünde
groß" von Sebaldus Heyd, den langjährigen Passionsgesang
der Protestanten. Auch die Gemeinde Oberglatt besitzt den
Ruhm frühzeitiger Pflege des Kirchengesanges, und im
Jahr 1637 wird der dortige Pfarrer Schärer belobt „für
übung des Kilchengesangs." In Otelfingen führte Pfarrer
Felix Tobler, welcher sehr energisch die Ordnung des Gottes=
dienstes, namentlich auch der Auseinandersetzung mit den
Katholiken sich angenommen zu haben scheint, den Kirchen=
gesang ein, man begann am 15. März 1640. Das eben
dahin kirchengenössige Würenlos erhielt denselben vermuth=

lich wegen der schwierigen Confessionsverhältnisse erst am 27. Dezember 1657. Ein Jahr zuvor hatten die Refor= mirten bei Vilmergen eine Niederlage erlitten. Der Friede zu Baden hatte den Krieg wohl beendigt, aber die Gemüther nicht besänftigt. Der Kirchengesang muß schon eine feste Grundlage besessen haben, daß er gerade jetzt in dem paritä= tischen Orte, nahe bei Baden, eingeführt werden konnte. Auch außerhalb der Kantonsgrenzen bemühte sich der Rath um seine Einführung. So machte derselbe im Jahr 1632 die refor= mirten Pfarrer der gemeinen Herrschaften darauf aufmerk= sam, sie sollten auf den Kirchengesange „allen möglichen Fleiß verwenden, daß er in rechtem ordenlichem wesen verblibe; wo er aber noch nicht eingeführt und die biberben Leute zu dem= selben geneigt wären, soll das Fundament, eh man es in den Kirchen unterstaht, wol gelegt werden in den Schulen, wie auch in den Orten, da Winters Zeit der Kinderbericht ge= übt wird, damit nicht etwa den Widerwärtigen unser zu spotten Anlaß gegeben werde." Eine Geschichte der Ent= wickelung des Kirchengesanges in der deutsch reformirten Schweiz zeigt, wie manchmal der Gemeindegesang zu kon= fessionellen Reibungen Anlaß gab. Dadurch war freilich ein ruhiges langsames Fortschreiten geboten. Das schon erwähnte Rathsprotokoll berichtet unterm 17. Juni 1609: „Herr Statthalter Keller und Herr Statthalter Wegmann, Obervögte zu Dietlikon, sollen auf mornbrigen Sonntag in die Kirche zu Dietlikon kheren und der ganzen Gmeind anzeigen, biewyl der Herr Predicant das christenlich Gsang uf der Gmeind Begehren in die Kilchen daselbst eingeführt und bisher vil guts geschaffen, dasselbige aber durch etliche böswillige widerumb hinterstellig gemacht worden, so sollind sie der Gmeind anzeigen, daß mine Herren gehebt haben wollind, daß diese christenliche Uebung wyter in diser

kilchen gebrucht werde. Denn so sy fürohin erfahren wur=
den, daß sich einer oder der andere ungebürlicher wys
dem ferner widerseße, sollind dieselben myner Herren straf
und Ungnad zu erwarten han." Wie seltsam die Begriffe
darüber bisweilen waren, zeigt eine unwillige Aeußerung
des Sigristen zu Höngg 1638, „das gsang seig wie's möge,
man könne davor nit ein Vater Unser beten."

Unterm 11. Mai 1636 hieß der Rath die Examina=
toren erwägen, wie dem Uebelstande abzuhelfen sei, daß
man noch an den meisten Orten ungeachtet der frühern
Anregungen und bestimmten Anweisungen nur e in mal,
nicht aber vor unb nach der Predigt singe; auch sollte
es in zwei Predigtstunden, nicht nur in einer geschehen,
ja man könnte vielleicht, wie es an einigen Orten gebräuch=
lich sei, auch zwischen dem 2. und 3. Zeichen singen. Jeden=
falls sollte man neben den Lobwasser'schen Psalmen die
übrigen lehr= und trostreichen Gesänge nicht versäumen. —
Man hatte also immer noch, wie dieß auch aus der Klage
vom Jahr 1613 sich ergibt, daß nämlich die meisten Ge=
meinbeglieder am Schlusse der Predigt sich entfernten und
nur wenige mit den Schülern sangen, bloß einmal gesungen,
und zwar nach der Predigt, zum Schlusse des Gottesdienstes,
und nur einzelne eifrigere und befähigtere Gemeinden tha=
ten ein Mehreres. Aus den pfarramtlichen Berichten aller
Gemeinden und geistlichen Kapitel, welche damals von Zü=
rich abhingen, ergibt sich übrigens, daß 1639 und 1640
nur in überaus seltenen Gemeinden der Gesang noch keine
feste Stätte gefunden hatte. So war's freilich noch 1637
in Oberwinterthur; denn in einem Briefe an Junker Land=
vogt Grebel zu Kyburg (dat. 28. August) wurde die Bitte
geäußert, er möchte doch Hand bieten, den Kirchengesang,
der dort noch nicht geübt, aber sehr gewünscht werde, ein=

führen zu helfen. Von Elsau ist aus dem Jahr 1639 be-
richtet: Der Kirchengesang soll nächstens eingeführt werden.
Es wäre schon geschehen, „wenn nit Mangel an Läsen und
Schryben in der gmeind wäre erfunden worden". Von
Volketschweil wird im September 1644 geklagt, mit dem
Gesange stehe es nicht am besten; nicht die geringste Ursache sei das geringe Einkommen des Schulmeisters, der
hier wie überall zugleich Vorsänger war. Auch Dättlikon,
Rickenbach, Wyla besaßen 1640 noch keinen Gesang beim
Gottesdienste. Wo er sich fand, ward er sehr ungleich
geübt. So sagt eine Aufzählung der ungleichen gottesdienstlichen Gebräuche aus genanntem Jahre vom Gesange:
In Nestenbach, Flaach, Berg, Seuzach, Zurzach sang man
nur an den Sonntagen; auch an dem Dienstag hingegen
und vor und nach der Predigt in Embrach und Wiesen-
dangen, hier bei einer Hochzeit; in Embrach sang man an
den Festen die Festgesänge, in Flaach und Seuzach auch
vor und nach der Kinderpredigt. In Berg war der Gesang erst vor Weihnacht 1639 eingeführt worden, hatte
aber freudige Aufnahme und eifrige Uebung gefunden. Das
Unterlassen des Gesanges in Seuzach an den Dienstagen
wird damit begründet, „weil die jungen Knaben am Morgen der futerung des Viehes abwarten." In Embrach
muß 1639 der Gesang sehr geblühet und ein sangeseifriger
Pfarrer gewirkt haben, da der Bericht ungemein genau
und einläßlich ist, während in den Berichten aus Rickenbach,
Schlatt, Regensdorf und andern Orten bei größerer Aus-
führlichkeit des Gesangs nicht gedacht wird. Auch aus den
damals von überall her eingezogenen Darstellungen über
die Feier des heil. Abendmahls sieht man, daß nur in den
seltensten Gemeinden der Gesang noch mangelte. Freudige
Bemerkungen trifft man oft an, so z. B. von 1645: „In

Degerfelden wird der Gesang fleißig exerzirt und ist in einem feinen progress." Ueber den Pfarrer zu Wängi (bei Matzingen im Thurgau) heißt es: „Zu Frauenfeld instruirt er die jungen evangelischen Burger im Gsang." Auch im Rheinthal bemühete man sich um den Kirchen= gesang, und die von Rheineck baten 1645, Zürich möchte ihnen einen Schulmeister schicken, der zugleich zum heiligen Predigtamt zuzulaßen und in der Gesangkunst unterrichtet sei, damit er in Schule und Kirche mit Katechesiren und Vorsingen sein Bestes thun und auch andern Rheinthaler Predicanten im Nothfalle beispringen könne. Der Bericht von Maschwanden aus dem Jahr 1639 beschreibt den Gottes= dienst also: „Nachdem es verläutet hat, steht der Kirchen= biener zu den Sängern zunächst am Chor und singt ein Stückli oder zwei. Und bruf gaht er uf die Canzel und verlist die Ermanung zum gemeinen fürbitt, im gebett kniet er in die Canzel. Nach gethanem gebätt verlist er vom orth aus syn Evangelisten. Und nachdem er verläsen, sitzend zuglych wyb und man niber und wird der text möglichsten flyßes erklärt. Nach gethaner Predigt wird verricht das gebätt und gesungen das lobgsang. Nach vollendetem lobgsang bättet jedes noch ein Vater Unser. Und lüthet underbeß der Sigrist us."

So hatte sich ein Jahrhundert nach Zwingli's Tod, im 4. Jahrzehnt seines Bestehens, der Kirchengesang eine feste Stelle in Zürich's Kirche erobert. Ja auch in's außer= kirchliche Volksleben war er gedrungen, wohl oft in ernstem Sinne, oft aber auch mißbräuchlich. So beschloß der Rath 1640, die Dekane sollten allen Capitularen sagen, sie sollen von dem Mißbrauche, daß man „das gottselig Psalmen= und christenlich Lobgsang by den Mahlzyten und wo man sunst by dem trunk zusammen kumpt, alsbann allererst

pflege zu fingen, wenn man ganz voll und toll fey", ab=
mahnen und die Leute auf des Buches Vorrede weifen,
die fage, wie und wann die Pfalmen zu fingen und zu
brauchen feien. Aber immerhin war ein Schritt vorwärts
gethan. Der Kirchengefang hatte manchen Gegner über=
winden müffen, die Vorurtheile, er beeinträchtige die evan=
gelifche Einfachheit und ftöre die Andacht, ferner die Hinder=
niffe der Ausübung. Er felbft aber war erft noch ein
Kind, noch unentwickelt, getragen von keiner blendenden
und einnehmenden Schönheit der Kunft, vielmehr im ein=
fachen, faft dürftigen Gewande ftrenger Einftimmigkeit
bemüthig einherfchreitend, nur gehalten von der edeln Kraft
evangelifcher Dichtkunft und der Schönheit des Chorals,
die felbft aus der puritanifchen Strenge der fchmucklofen
Einftimmigkeit hervorftrahlte. Die erfte Periode der
Entwickelung des Kirchengefanges in Zürich,
zugleich in der reformirten Schweiz geht hier zu Ende.

Denn eine neue Zeit war angebrochen, ihr Frühlings=
hauch drang auch in diefe Gegenden. Von Italien her harte
die Kenntniß und der Gebrauch der Mehrftimmigkeit fich
weite Bahn gebrochen, eine große Reihe deutfcher Tonfetzer
hatte die einfachen Weifen der Kirchenlieder auf's Schönfte
gefchmückt. Johannes Eccard (geft. 1611 als Kapellmeifter
zu Berlin), der große Schüler des Orlando di Laffo, hatte
in feinen „geiftlichen Liedern", mehr noch in feinem vor=
züglichen Hauptwerke: „Preußifche Feftlieder durch's ganze
Jahr, mit 5, 6 bis 8 Stimmen (1598)" eine „wahrhaft
künftlerifche Ineinsbildung des ein= und mehrftimmigen,
des Gemeinde= und Chorgefanges, des Liedes und der
Motette" erreicht. Unter dem Einfluffe diefer neuern Kunft=
richtung, an welche fich nun allmälig das Aufgehen der
alten Kirchentonarten in die Dur- und Moll-Tonleiter

des neuen chromatischen Tonsystems anschloß, gewannen
die französischen Psalmmelodien mit Goudimels edelm, ein=
fachem, vierstimmigem Tonsatze immer mehr Eingang. Die
ungemein wichtige musikalische Aenderung, welche von der
Schule des großen Eccard ausgehend in der reformirten
Schweiz durch Samuel Marschall zu Basel im Jahr 1594
mittelst seiner Bearbeitung der Psalmmelodien, in Würtem=
berg schon 1586 durch das neue Singbuch des Hof=
predigers Lukas Osiander verbreitet wurde, daß nämlich
die Melodie aus dem Tenor, der die Weise bisher gehalten
und geführt hatte und darum von der Gemeinde war ge=
sungen worden, in die höher liegende Stimme, den (erst
später entstandenen) Diskant verlegt wurde, hatte zwar
zunächst für den Kirchengesang Zürich's, auch der Schweiz
wenig unmittelbaren Einfluß und rang sich erst in dem
Gesangbuche vom Jahr 1787 zur vollen Geltung durch.
Diese Veränderung wollte bewirken, daß die Melodie (der
Choral, wie sie damals hieß) nicht von den andern, sie
umgebenden Stimmen, namentlich nicht von dem höher
liegenden Diskant bis zur Unkenntlichkeit verhüllt und die
Mehrstimmigkeit in eine unverständliche Folge von Akkorden
verkehrt würde; „für den Gemeindegesang schicke sich, sagt
Marschall, diese Art des Singens, da die Melodie im Tenor
liege, nicht, man wisse oft nicht was man singe, wenn das
Choral unter die andern, höher und tiefer liegenden Stim=
men gemenget sei." So wurde das Auffassen der Melodie,
welche als höchst liegende Stimme hervortrat, viel leichter.
Wie gesagt, der Einfluß dieser sehr wohlthätigen Neuerung
ward noch lange Zeit nicht spürbar; aber den kleinern
Kreisen der Begabten und den Gesang Liebenden bot sie
eine günstige Bahn des Vorwärtsschreitens für sich selbst
und durch sie andern. Das musikalische Verständniß des

Volkes hingegen war zu gering, die Gelehrten, zumal die
Theologen, waren theils zu sehr von der einseitigen Rück=
sicht auf die Worte der Gesänge, theils von der Sorge
für den äußern Anstand und steife Ordnung eingenommen,
um dem Singen selbst gründliche Aufmerksamkeit zu schen=
ken, der Kirchengesang selbst wurde im scharf gespannten
Gegensatze gegen alle Anklänge an Katholizismus zu ängst=
lich vor aller sogenannten Verweltlichung behütet, als daß
man nicht die Scheidewand zwischen dieser geistlichen und
weltlichen Musik möglichst dick und hoch aufbaute. Auf
der Frühlingssynode im Mai 1643 war nämlich angezeigt
worden, daß man „an etlichen orten uff der Landschaft
sich gar vil legge uff die Musik und dahero in den Kilchen
die Sänger zusammen standind und zu vier stimmen sin=
gind, daß das gmein volk nit nachfolgen könne." Es ward
erkannt, die Sache sollte „an die Examinatoren gewiesen,
die gemeine Choralstimme fürus exercirt und ein glyche
durchgehende Ordnung gemacht werden." In diesem Sinne
beschlossen denn auch die Examinatoren, „das musiciren
seie nit verumlich (verwerflich), aber bringe in der kilchen
schlächten anbacht. Die gmein stimm solle man sonderlich
fürderen." Dieß bezog sich auf die auch hier einbringende
Vierstimmigkeit des Gesanges. Nachdem nämlich im Jahre
1636 und besonders 1641 das bisherige Gesangbuch, wel=
ches im Jahre 1605 erst 34 Lobwassersche Psalmen mit Gou=
bimel'schen Weisen aufgenommen, in der Art die Strömung
jener Zeit erfahren, daß in dasselbe sämmtliche 150 Psal=
men waren eingereihet*) und die Zahl der eigentlichen

*) Man erkennt hier deutlich, wie sehr die Herausgabe dieser
Bücher Privatsache war. Das Erscheinen dieses vollständigen Lob=
wasser war ebenso sehr eine Folge der Zeitströmung wie der Auftrag
des Rathes vom 11. Mai 1636, die Examinatoren möchten erwägen,

Lieder gar stark war beschränkt worden, erhielt das neue
Buch auch alle vier Stimmen, d. h. den ganzen Goubimel=
schen Tonsatz. Der unbestreitbare musikalische Fortschritt
und die Aengstlichkeit wegen solcher „Künstelei" rangen hart
mit einander; der Kampf, in der deutsch reformirten Schweiz
lange andauernd, aber nun glücklich durchgekämpft, hat in
Deutschland noch kaum begonnen. An die erste bedenkliche
Stimme, die wir vernommen haben, reiheten sich zwar
gewichtigere. Das Examinatorenkollegium in Zürich be=
zeugte 1649 und 1651 sein ernstes Mißfallen über diese
Neuerung; man sehe bei dem mehrstimmigen Gesange mehr
auf Noten und Ton als auf die Worte des heil. Geistes.
Man solle solch musikalisch Gesang in der Stille abstellen,
und diese Musik, wo man sie je üben wolle, als eine feine
sinnreiche erbauliche Recreation Gott zu Ehren in die Schu=
len oder Häuser ziehen. — Das ungünstige Urtheil des
damaligen Kirchenrathes über die Vierstimmigkeit führt
nothwendig zu der Folgerung, daß die Bearbeitung auch
dieses wie der frühern und der meisten spätern Gesang=
bücher keinerlei amtlichen Charakter besaß. Es konnte nicht
anders sein, als daß der Gesang nun in einen Zwiespalt
gerieth und nur langsam sich entwickelte, zumal die Lob=
wasserschen Texte zur Förderung fast nichts beitragen konn=
ten. Auch was von oben her, von den Behörden dießfalls
geschah, blieb sehr unbedeutend. Man gefiel sich in dieser
Zeit ohnehin in jener Vielregiererei, welche große und kleine

---

ob es nicht unschicklich sei, daß von den Psalmen Davids nur etliche
sollten gesungen und dem Volke nicht alle sollten gemein gemacht
werden, da man doch den Gesang schon so lange eingeführt habe.
Die Berechnung des auf seine Zeit achtenden Verlegers eilte den
Rathsbeschlüssen voraus und bot ihnen die Mittel zur schnellern Aus=
führung.

Dinge bis auf die kleinsten durch eine Unzahl stets wieder=
kehrender, stets übertretener und nutzloser Mandate ordnen
zu sollen und zu können meinte. Was sollte im Grunde
eine Verordnung wie die vom Jahre 1652? Sie mußte das
Eindringen der Vierstimmigkeit anerkennen, that aber, sie
zu heben, nichts, wenn sie bloß festsetzte:

1. Man soll das Psalmenbuch anheben am 1. Sonntag
im Jahr und der Ordnung nach fürfahren mit solicher
abtheilung, daß man in 2 jaren richtig auskomme.

2. In Abtheilung der Stucken soll man sehen auf die
materi, damit der Verstand so vil möglich vollkommen sei.

3. Wo möglich soll man am Sonntag am morgen
einen Psalm anheben.

4. Am Samstag, da all Schulen bysammen, soll man
etwa ein Psalmen nemmen uß dem alten Psalmenbuch.

5. Man soll auf bsonderbare Zeiten und tag gewüsse
Psalmen verordnen; hat syn erbauung. Am Sonntag am
morgen beim großen mandat soll man singen den 15. Pf.;
am Sonntag am morgen am meistertag den 101. Pf.,
am Morgen und Abend der Hulbigung den 72. Pf., an
Synodis Pf. 133 und 134. Die hohen Fest haben ihren
bsonderbaren gsang. An Vorbereitungstagen Morgens und
Abends Pf. 51. An heil. Tagen Abends Pf. 103 Lob=
wasser oder aus den alten. Diese Psalmi extraordinarii
werden mit in die ordinari Zeit gesetzt.

6. Der Cantor beim großen Münster soll die Abthei=
lung schicken einem jeden H. Pfarrer und in die lateinische
und deutsche Schulen.

Man sieht, diese von den Herrn Examinatoren appro=
birte Ordnung betraf wesentlich die Stadtkirchen. Von der
Art des Gesanges, von einem wesentlichen Fortschreiten ist
nichts zu vernehmen, man wird an einem gedeihlichen Er=

folg eher zu zweifeln berechtigt fein, wenn nach 6 Jahren
schon wieder eine Anordnung getroffen werden mußte, um
zu bestimmen, wie die Schulen den Gesang pflegen sollten.
Dort war bestimmt, alle Mittwoch und Samstag — so
lautet Art. 9 — solle der Schulmeister mit den Schülern
das Gsang üben. Er soll — Art. 11 — Macht haben den
Erwachsenen zu gebieten sich mit Gsang = oder Psalmen=
büchlein, Zeugnussen u. s. f. zu versehen und in der Kilchen
beim Gsang sich einzustellen. Ferner soll er — nach Art.
16 — alle Sonntage und Dienstage mit den Schülern in der
Kirche, vor der Kinderlehre stets den Katechismus und den
Gesang mit ihnen üben. In der Kirchen soll er — Art.
19 — zu jeden Zyten und stunden selbst vorsingen. Son=
derlich soll er — Art. 22 — si uffen lehren diejenigen
Psalmen, welche vor den Kinderlehren gesungen werden. —
Ob die anfängliche Aengstlichkeit überwunden worden und
der vierstimmige Gesang doch den Sieg errungen, ist aus
diesen Schulsatzungen, welche nirgends diese neue mehrstim=
mige Art und Weise erwähnen, nicht zu erkennen. Der
Gesang selbst war damit noch nicht in Ordnung. Ein
Cantor, Vorsinger, scheint nur am Großmünster angestellt
gewesen, der Gesang in den andern Kirchen der Stadt wie
auf dem Lande vom Schulmeister geleitet worden zu sein.
Im J. 1664 wurde verordnet, „die Herren Geistlichen
sollen in jeder der vier Pfarrkirchen einen guten Vorsinger
anstellen." Nach den Gravamina der Dekane auf der
Maisynode 1652 stand z. B. Dorlikon „in Gefahr des
Abgangs des Schul= und Kirchengesangs"; gleichzeitig mußte
Trüllikon gemahnt werden, „den Gesang besser anzustellen."
Die Synode von 1663 dagegen, unter deren Beschwerden
sich erwähnt findet, in Ritualsachen halte man es sehr „un=
glich", bezeugte als Erfreuliches, aber lakonisch kurz: „Gsang

wird geliebet." Der Gesang gewann, und dieß ist bemer=
kenswerth, offenbar am meisten durch die Gesangeslust,
welche hie und da im Volke aufblühete; konnte er ja na=
türlich nicht geboten werden! Er gedieh namentlich, —
auch dieß muß der Beachtung sehr empfohlen werden! — wo
Geistliche ihren Gemeinden Liebe und Lust einzupflanzen
wußten und selber fördernd Hand anlegten; mit der Zeit
fand er auch in den Nebengottesdiensten allgemeinern Ein=
gang. Die Visitationsakten der Galli=Synode vom Jahre 1682
melden: „Der Pfarrer zu Hombrechtikon führte gern den
Kirchengesang am Dienstag ein, bittet um Befelch." Als
allgemeine Uebung bezeugt denselben die bestimmte Anord=
nung, daß auf Bettag 1685 nebst Gebet und Texten auch
der Gesang für alle drei Gottesdienste vorgeschrieben wurde,
für den Vormittag der 10., zu Mittag der 83., für den
Abend der 116. und 121. Psalm. Auch an den monat=
lichen Bettagen sang man. In der Visitation zu Dorf
wurde im J. 1686 geklagt: „An den monatlichen Bettagen
wird niemals gesungen wie der oberkeitliche Befehl ergan=
gen ist und auch allenthalben geübt wird. Da man es
doch zu Dorf auch wohl könnte und gern thäte." Und
ferner heißt es von der nämlichen Gemeinde: „Der christ=
liche Lobgesang könne keinen rechten Fortgang haben, weil
es gar wenig Sänger gebe in der Kinderlehre;" sie ward
nämlich schlecht besucht. Noch im Juli 1706 wurde ge=
klagt, der Gesang zu Niederweningen sei übel bestellt und
werde von frechen Burschen gestört. In Rheinau war
derselbe in Abgang gekommen; der Pfarrer von Marthalen
fand 1714 seine Herstellung in dieser seiner Filiale schwer,
es seien dort nur fünf Personen die singen. Man wies
ihn an, er solle es auch selber thun, und solle dahin wir=
ken, daß der Vorsänger, der nun drei Jahre lang unent=

geltlich von Marthalen borthin gegangen, enblich aus bem
Kirchengute eine Entschädigung bekomme. Auch in Sprei=
tenbach unb Urborf mangelte 1715 ber Kirchengesang; ber
klagenbe Pfarrer warb beauftragt ben Leuten Anleitung
zu geben unb Lust einzuflößen. Rühmliche Thätigkeit ent=
wickelte bamals Pfarrer Christoph Geßner zu Wangen.
Dieser — so wirb 1686 gemelbet — unterrichtete, bamit
„ber Kirchengesang in eine rechte wüssenschaft gebracht
werbe, täglich 14 Knaben unb Töchter, bie zu ihm in bas
Pfarrhaus kommen." Selbst bei Hochzeitprebigten pflegte
man zu singen, so im J. 1687 zu Höngg. Manchen Orts
war ber Kirchengesang so beliebt, baß er auch außer ber
gottesbienstlichen Orbnung sich Bahn brach. Die Visita=
tionsakten von 1687 enthalten bie Klage, in Langen=Ricken=
bach hätten bie Bauern „bas bekannte Sterbensgesang
(vermuthlich bas alte: „Wenn mein Stünblein vorhanben
ist") auch ohne eine Leichenbestattung am Sonntag Morgen
nach ber Prebig bei Verkünbigung ber Lych, bie in ber
Woche war beerbigt worben, nach ihrem Belieben ange=
stimmt unb also ben Meister gespillt." Am Enbe bes
17. Jahrhunderts mag ber Gesang an ben mehrern Orten
auch im Wochengottesbienste geübt worben sein; aus Ober=
glatt wirb 1694 berichtet: „An ben Dienstagen wirb mit
singen vor unb nach ber Prebig in schöner Anzahl ber
Säugeren fortgefahren. Gerabe in bieser Gemeinbe, so
warb 1706 geklagt, störte bie leibige Sitte, baß Leibtra=
genbe viele Wochen lang nicht singen wollten. Anberswo,
so z. B. in Nieberhasli unb Rümlang, war er hingegen
noch 1715 in biesen Nebengottesbiensten nicht eingeführt.
Ein Mittel zur Einübung ber Weisen unb Stimmen bil=
bete lange unb sogar bis in unser Jahrhundert herein ber
sogenannte Nachgesang, zu welchem Sonntags nach ber

Kinderlehre die ältern Schüler und Jünglinge und Jung=
frauen in der Kirche zurückblieben. Da und dort nahmen
sich auch Vereine der Sache an. Die Gemeinde Maſch=
wanden beſaß um 1700 einen gut geordneten Sängerver=
ein; hier und anderswo ſcheinen die vierſtimmigen Pſalmen
emſig geübt worden zu ſein. Im J. 1736 ließ, wie von
Marthalen berichtet ward, eine Sängergeſellſchaft in eige=
nen Koſten zu Zürich ein Pſalmenbuch mit den alten Pſal=
men, Feſtliedern und geiſtlichen Geſängen drucken. Die
Examinatoren fanden dieß zwar löblich, ließen aber doch
durch den Pedellen in allen Druckereien nachfragen, damit
die Cenſoren das Buch prüfen könnten. Bisweilen unter=
ſtützte man dieſe Beſtrebungen durch Anweiſung beſonderer
Sängerſtühle, ſolche gab es z. B. i. J. 1729 zu Affoltern
am Albis, 1733 in Dübendorf, 1755 in Dieboldsau.
Oder man förderte die Nachtſingſchulen, wie z. B. die Ge=
meinde Hauſen i. J. 1718 den Sängermeiſter in der
ihrigen beſoldete. Die Vierſtimmigkeit hatte alſo doch
Wurzel geſchlagen. In den Jahren 1708, 1715 und 1716
wurde mehrmals darauf hingewieſen; die Pfarrer ſollten
nicht unterlaſſen, das Volk in den Predigten öfters über
das Schöne ſolchen Geſanges zu belehren.

Das praktiſche Ergebniß dieſer 2. Periode beſitzt offen=
bar zwei Seiten, eine erfreuliche neben einer minder er=
freulichen; beide aber bedingen einander. Von einem Ge=
ſangbuche, das wie jenes vom J. 1598 an das ſchöne
Zwick'ſche ſich angelehnt hatte, abzuweichen zu dem Lob=
waſſerſchen Pſalter, neben deſſen 150 meiſt unendlich mat=
ten, erbärmlichen Reimereien nur ganz wenige Lieder noch
Raum gefunden hatten, war ein offenbarer Rückſchritt.
Aber aus der Zeit und dem Weſen des damaligen ſchwei=
zeriſch reformirten Proteſtantismus war er vollſtändig zu

begreifen. Die Psalmen knüpften ein Band der Gemein=
schaft mit den französisch reformirten Kirchen. Sie enthielten
unmittelbar das Schriftwort, dessen Bedeutung für die Re=
formation so vorherrschend äußerlich gefaßt ward. Die
Einführung des Kirchengesanges selbst war ja vornemlich
durch die Hinweisung begründet worden, Gottes Wort sei's
was man singe. Und doch hatte man, während das Auf=
geben so vieler schönen Lieder ein Verlust gewesen, unbe=
streitbar eine Gegengabe hohen Werthes eingetauscht, welche
um so bedeutender war, als man theils den Verlust sehr
lange nicht als solchen erkannte, theils in dem Gesange
erst durch diesen Gewinn wirklich gefördert werden konnte.
Solche köstliche Erwerbung waren die französischen Psalm=
weisen mit dem vierstimmigen Satze Goudimel's. In die=
ser edeln Einfachheit, wobei der Rhythmus, an sich
klarer und durchsichtiger als bei den Weisen der protestan=
tischen Kirche Deutschlands, alle vier Stimmen ganz
gleichmäßig einigte, lag die Möglichkeit, daß ein vier=
stimmiger Gesang ohne stützende Instrumente sich
selbstständig entwickeln konnte; die bewegtern Rhythmen der
deutschen Choräle hätten mit ihren rhythmischen Wechseln
diese Ausbildung weit mehr erschweren müssen. Wie lang=
sam auch die Fortschritte im Gesange selbst waren, so bleibt
bennoch wahr und ist als die Eigenthümlichkeit dieser zweiten
Periode zu betonen, daß in ihr an den Goudimel'schen
Tonsätzen die Vierstimmigkeit unsers Kirchen=
gesanges ihre Grundlage fand. In der ersten Pe=
riode waltete die Rücksicht auf das zu singende Wort bis
zur Einseitigkeit völliger Nichtbeachtung der Weise und ihrer
Schwierigkeit oder Angemessenheit vor; unter dieser Herr=
schaft des Wortes begann noch die zweite Periode mit der
einseitigen Aufnahme sämmtlicher Lobwasser'scher Psalmen.

Allein das edle Element keuschen Volksgesanges, das in ihren Melodien lag, drang, ein kräftiger Sauerteig, siegreich durch, stillte die Aengstlichkeit einer bloß theoretischen Anschauung, milderte und ertrug leichter den Bann dieser poesielosen Reime, und vermochte ihn endlich, verbündet mit einer neuen Zeit, zu sprengen. Ob der vierstimmige Gesang schneller sich entwickelt hätte, wenn der Text der Kirchengesänge besser gewesen wäre, ist zu bezweifeln; denn einerseits fühlte man, wie schon angedeutet worden, dessen Schwäche und Armseligkeit lange nicht, die Bildung des Volkes stand noch tief, und das religiöse Bedürfniß fand selbst hier manche ihm wohlthuende Nahrung; andererseits konnte der Kirchengesang in seinem Fortschreiten nicht den Zusammenhang mit der Entwickelung der Tonkunst im großen Ganzen verlassen, diese aber ist, ihrer Natur nach so alt wie das Menschengeschlecht, als Kunst sehr jung.

Die Vierstimmigkeit hatte also endlich allenthalben, auch in den regierenden Kreisen, Anerkennung gefunden, man stand ja, vielleicht fast beschämt, einer vollendeten Thatsache, einem klaren Nachweise natürlicher Befähigung des Volkes gegenüber. Dabei darf immerhin nicht übersehen werden, wie mangelhaft bisweilen die Ausführung war. Auch Vorurtheile blieben oft zähe genug haften. So enthalten die Acta Crameri (des ältern) zum 24. Nov. 1715 die Bemerkung: „Die Eheweiber weigern sich am Kirchengesange Theil zu nehmen." Diese Bemerkung erhält ihre Erklärung aus einer Reihe von Angaben in Protokollauszügen des ehemaligen Examinatorenkollegiums, des damaligen Kirchenrathes. Schon im November 1708 wurde geklagt, in Embrach wollen die verheiratheten Weiber aus Superstition nicht mehr singen; es geschehe, ward beigefügt, „theils aus Gewohnheit, theils aus Unwissen-

4

heit." Im Jahr 1710 erscholl die gleiche Klage aus dem Wehnthal. Auch anderswo nahmen neben den Schü= lern und der unverheiratheten Jugend nur wenige Personen am Gesange Theil. Er war offenbar vom Volke zu wenig als Lobpreisung Gottes, als gehobenes Gebet der Gemeinde, als ihre schöne thätige Mitwirkung am Gottesdienste er= kannt und aufgefaßt worden. Weil zur Pflanzung des Kirchengesanges zunächst die Schüler und die Unverhei= ratheten hatten beigezogen werden müssen, sah man den= selben vorherrschend als ihre Obliegenheit an, und hielt die Theilnahme daran ungefähr für ebenso unschicklich wie die Theilnahme an Gesangvereinen. Möglich ist zudem, daß besonders in Gegenden, die an katholische Gemeinden grenz= ten, der Gesang als Aufgabe eines eigenen Chores aufge= faßt wurde, den man dazu bestellt habe und in dessen Ver= richtung einzugreifen den Uebrigen nicht gezieme. So scheint es gewesen zu sein in Ottenbach, über dessen Gesang 1711 geklagt wurde, und im ganzen Freiamte, von wo noch 1715 Beschwerden ertönten. Die Pfarrer wurden ange= wiesen, die Leute in Predigten und im Umgange möglichst zu belehren, die kirchlichen Gemeindsbehörden sollten sie unterstützen; wo dieß fruchtlos bleibe, solle man ernstlich mahnen, nöthigenfalls Strafen in Aussicht stellen. An einigen Orten besserte sich der Uebelstand; an andern stießen diese Maßregeln auf Widersetzlichkeit, so z. B. nach vorliegen= den Berichten in Tägerfelden, Niederwenigen, Schöfflisdorf, Turbenthal. Eine Rathserkanntniß vom Jahr 1716 suchte auf dem damals üblichen Wege des Befehlens von oben her den Gesang zu heben und verordnete: „Alle, welche lesen können, sollen in allen Kirchen des Landes am Sonntag und in der Woche andächtig und eifrig mitsingen; die Verehlichten und Ledigen, Männer und Weiber, Söhne und Töchter sollten bei Freuden= und Traueranlässen das Psalmenbuch mitbringen, dem Gesang abwarten, den Psalmen aufsuchen und entweder nachsingen oder nachlesen. Die junge Mannschaft, Knaben und Töchter, sollen über den Sommer gemeinschaftlich in der Kirche, im Winter abgesondert in den Schulen von den Vorsingern im Gesang geübt werden. Die Vorgesetzten sollen die Fehlbaren warnen, und wo sie sich nicht besserten, der Obrigkeit zur Abstrafung anzeigen, die Pfarrer aber dieses obrigkeitliche Ansinnen dem Volke in besondern Predigten recht deutlich zu machen suchen." Wie viel Mühe erheischte die Einpflanzung und sichere Begründung des Kirchengesanges, auf welch eigenthümlichen Wegen suchte man bisweilen dieses Ziel zu erreichen!

Am 8. Mai 1728 erkannte der Rath, es dürfen „keine andern Psalmenbücher gedruckt werden als solche, in denen die eingeschlichenen Aenderungen ausgelassen, hingegen Breitingers (des Antistes) Vorrede gedruckt sei, und der Psalter mit Herrn Rudolf Walthers Version." Es war dieß die erste Einmischung der Regierung in die Herausgabe der Gesangbücher. Zwei Jahre später wurde diese Mahnung wiederholt; die Herren Examinatoren und Censoren sollten vigiliren, daß keine weitere Aenderung einschleiche. Im Dezember 1765 vollends wurde den sämmtlichen Buchdruckern angezeigt, ohne obrigkeitliche Erlaubniß sollten sie von sich aus keinerlei Kirchenbücher herausgeben.

Das Bedürfniß nach bessern Gesängen und angemessener Verwendung derselben trat inzwischen immer bestimmter hervor. Im März 1739 hatten die Geistlichen des Winterthurerkapitels Aufhebung des Psalmensingens nach der todten Reihenfolge und Aufnahme von Festgesängen gewünscht. Ihre Anträge fanden bei den Oberbehörden wenig williges

Gehör. Die Anregung warb abgelehnt, eine Notiz fügt nur bei: „Man trat nicht tief in die Sache ein." Auch als 1741 der Pfarrer von Schwerzenbach wünschte, der Gesang möchte dort „nach dem Texte eingerichtet werden", den vorher erwähnten Wunsch also neu vorbrachte, wurde im Examinatorenkollegium „nichts darüber geredet." Und doch waren seit dem Beginn des Jahrhunderts unzwei= deutige Beweise des Bedürfnisses nach Besserem und ernsten Bestrebens, es zu befriedigen, zu Tage getreten. Aber die neue Zeit mußte noch kräftiger mahnen.

Es ist bekannt, wie der Spenersche Pietismus, gleich Anfangs durch edle Dichter, wie z. B. Joachim Neander, J. J. Schütz, Sam. Robigast, Laur. Laurenti u. a. ver= treten und verbreitet, in der deutsch reformirten Kirche durch den Mystiker Tersteegen, in der lutherischen Kirche durch die Sänger der ältern, dann auch, allerdings schon in süßliche Empfindelei abgeschwächt, durch die der jüngern Halle'schen Schule vornemlich im Kirchenliede und durch dasselbe weite und rasche Verbreitung fand. Joh. Ana= stasius Freilinghausen, selbst Dichter und Sänger, ist recht eigentlich der Vater dieser sogenannten Halle'schen Melodien geworden, und hat seit 1704 in den mehrfachen Ausgaben seiner Gesangbücher die Lieder dieser Richtung und die dazu neu geschaffenen eigenthümlichen Weisen gesammelt. Der Pietismus hatte das allgemein kirchliche Gebiet auf= gegeben und sich in seine einzelnen Kirchlein oder in die Stille des in Gott vergnügten Herzens zurückgezogen. Der Verband der Kirche war gelockert, und auch die Sänger dieser Richtung fanden wenig Veranlassung, am objectiv Kirchlichen im Choralgesang festzuhalten. Die Kirchenton= arten fielen nun um so mehr, als der weltliche Kunst= wie der weltliche Volksgesang überwiegenden Einfluß ge=

wonnen hatten. Es sollte in diesen Melodien, wie Freiling=
hausens Vorrede vom J. 1704 sagt, „sowol die christlichen
Liedern ziemende Lieblichkeit als Gravität wahrzunehmen"
sein. Es ist wahr, sie waren für Privatsammlungen be=
stimmt; aber ihrer manche drangen doch in die kirchlichen
Sammlungen ein, ein schneidender Gegensatz gegen den
ältern ernst würdevollen Choral. Stelle man sich jenen vor
und nun diese springenden, hüpfenden, daktylischen Lieder,
mit oft sehr ungeistlichen, fast üppigen Melodien, die bei=
nahe im heitern Tanzschritte vorüberschwebten! Ein Glück
war's, daß diesem trüben Strome ein frischer Bach ent=
gegenrauschte, daß der große Sebastian Bach wohl die
herrschend gewordene Arienform des Kirchenliedes mit rei=
cher Genialität weiter bebaute, aber zugleich durch die ge=
weihte Kunst seiner Choralbearbeitung den ächten Kirchen=
gesang wieder in sein eigenthümliches Recht einsetzte. Diese
pietistische Strömung machte sich nun allerdings unmittelbar
in einem bestimmten Gesangbuche nicht geltend, bildet aber
ein vorbereitendes Element, welches in einigen Privatarbeiten
und durch sie wenigstens mittelbar einigen Einfluß übte, und
das mehr in musikalischer als textueller Beziehung. Wirk=
samer bewies sich die Nothwendigkeit einer Sprachreinigung.
In den neuen Ausgaben Lobwassers z. B. von den Jahren
1727, 1749, 1760 waren die beigefügten 27 Festgesänge mit
ihren 19 Melodien, welche allmälig auf bloß 11 mit 9
Weisen gesunken waren, von allen Textveränderungen, welche
in Deutschland schon mit dem Hannoverschen Gesangbuche
von 1650 durch Denike und Gesenius waren begonnen
worden, unberührt geblieben. Aus dem gesunden Gefühle,
diese wie die Lobwasserschen Psalmen mit der geläuterten
Sprachweise der Gegenwart in Einklang zu bringen, also
aus den Reihen der Aufklärung gingen hervor die ersten

Verſuche eines „verbeſſerten Lobwaſſer" 1701 und 1704.
Im J. 1701 verſuchte, ſo berichtet Simmler in ſeiner Ur=
kundenſammlung zur Kirchengeſchichte (2. Bd., 1. Th.
S. 373), Pfarrer Hardmeier von Affoltern a. A.
eine ſolche Verbeſſerung, Pfarrer Schmidlin in Stalli=
kon (zu unterſcheiden von dem ſpätern Dekan in Wetzikon!),
unterſtützte ſie mit Melodien, welche ſehr beliebt wurden.
Hardmeier hatte den Kirchenrath angegangen, es möchte
ſeine Arbeit mit Schmidlins „neuen, ganz muſikaliſchen
Melodien" gedruckt werden. „Dieweil" — ſo lautet, etwas
ſeltſam, der Beſchluß — „die alte einfache weiſ' unſern
gnädigen Herren beſſer gefalle als die modiſche hochteutſche
Poeterei, ſolle man dieſe neue unnöthige Ueberſetzung den
Herren Examinatoren von Haus zu Haus überſchicken,
und ihren Cenſus und gutbefinden ſeiner Zeit den gnädigen
Herren überbringen." Dieſe Texte ſchloſſen ſich (nach
Simmler) allzuſehr an gewiſſe Regeln der Sprach= und
Dichtkunſt, ſo daß ſie oft gezwungen erſchienen. In öffent=
lichen Gebrauch kam das Werk nicht. Eine andere Ver=
beſſerung Lobwaſſers und der Feſtlieder verſuchte i. J.
1704 eine angeſehene Standesperſon in Zürich*) mit mehr

*) Dieſe Standesperſon war der Zunftmeiſter Holzhalb. Es er=
gibt ſich dieß theils aus dem Wappen dieſes Geſchlechtes, welches dem
Buche beigedruckt iſt, theils und mit völliger Sicherheit aus folgen=
der Angabe in den Acta ecclesiastica des Zürcher Staatsarchives
(Geſtell IV, 40): Im April 1731 erhielt der Buchdrucker Geßner,
welcher den Pſalter, und zwar anſtatt des alten Walter'ſchen die be=
ſondere Zürcher Ueberſetzung, und die Lobwaſſerſchen Pſalmen neu
herausgeben wollte, vom Examinatorenkollegium auf ſeine Anfrage,
ob er den alten Reim nach Pſalm 78, 65 (bei Lobwaſſer im 33. Vers):
„und einer, der des Weins vil hat geſoffen" behalten oder eine an=
dere Ueberſetzung gebrauchen ſolle, die Antwort, „weil dieſe Redensart
hart töne und alſo von Gott zu reden Anſtoß geben möchte, ſolle an=

Geschmack, wenn auch, um leichterer Einführung willen, mit geringern Aenderungen. Diese Arbeit führt den Titel: „Verbefferter Lobwaffer: Das ist, die Pfalmen Davids, vor mehr als anderthalbhundert Jahren von D. Ambr. Lobwaffer, einem preußischen Rechtsgelehrten, in damals übliche altdeutsche Reimen gebracht; anjeßo aber in heutige hoch= deutsche Sprach und Reimensart nach denen alten Melodeyen in gleicher Anzahl Versen best= möglichst eingerichtet und zu könftiger meh= rerer Verbefferung vorentworfen, mit jedem Pfalmen beigefügten und den Kern desselben begreifenden Reimgebetlein. Wozu ferner kom= men etliche verbefferte alte Pfalmen, Festgesänge, Kirchen= und Hauslieder, samt Morgen= und Abendgebetern. Zürich, bei David Geßner. 1704. 12.“ Aber auch diese Arbeit vermochte noch nicht durch= zubringen.

Von Bedeutung hätte werden können die vollständige Um= arbeitung des Pfalmenbuches durch den Chorherrn Joh. Rud. Ziegler. Ein Mann von edeln Dichtergaben wollte er, die schönen Weisen festhaltend, dem Volke zu denselben würdigere Worte geben. „Nunmehro, sagt darüber der schon erwähnte Simmler, hat man zu Zürich eine neue Ausgabe von Fest= und andern Liedern, die nicht minder ihren Werth hat als die besten Gesangbücher, welche bisher zum Vorschein ge=

statt dieser die Uebersetzung Herrn Zunftmeister Holzhalben seligen eingerückt werden.“ Seitdem lautete diese Stelle in Uebereinstimmung mit der verbefferten Uebersetzung vom Jahr 1704: „Gleich wie ein Held, der von dem Wein erfreuet.“ Noch mag beigefügt werden, daß jene Arbeit vom J. 1704 ja auch im Geßner'schen Verlage erschienen war, obiger Buchdrucker also ihren wenn auch dem Publikum unge= nannten Verfasser wohl kennen mußte.

kommen. Der Titel heißt: Des singenden Christen
nach der heutigen Mundart eingerichtete Fest=
lieder, Psalmen und Andacht erweckende Gesänge,
sowohl zur gemeinschaftlichen als zur besondern
Erbauung herausgegeben. Zürich bei Joh. Kasp.
Ziegler 1759." 8. Zehn Bogen. Der nämliche Verfasser
gab heraus: „Singweisen, meistens aus den Fest=
liebern, Lobwasser, alten Psalmen und Kirchen=
gesängen zusammengetragen. Neun Bogen. (Ueber
beide Werke vgl. die monatlichen Nachrichten von Zürich,
August 1759, S. 144—146). In den Weisen fand keine
Aenderung statt, nur war in dem Anhange eine Anzahl
neuer, „nicht von gemeinem Schlag" beigefügt. Die Ar=
beit fand großen Beifall und in manchen Kirchen, z. B.
auch in der Stadt Eingang. Ermuntert dadurch arbeitete
der Verfasser den ganzen Lobwasser um und gab 1763
heraus: „Die Psalmen Davids samt den üblichen
Fest= und Kirchengesängen, mit Beibehaltung
der bekannten Melodeyen. Aufs neue in deutsche
Verse übersetzt durch weiland Johann Rudolf
Ziegler, Chorherrn des Stifts zum Großen Mün=
ster und Moderatorem scholae Carolinae. Zürich,
gedruckt bei Joh. Kasp. Ziegler. 1763." Auch dieses Werk
drang nicht durch; Gebildete sangen wohl neben dem Lob=
wasser'schen Texte der Gemeinde diesen verbesserten; einzelne
Geistliche strebten es einzuführen, so wurden die Festlieder
z. B. in Herrliberg und Wetzweil, auch in Oberrieden benutzt,
in Thalweil gewannen sie nicht Eingang.

Theils unter diesem Einflusse sprachlicher Reinigung,
theils aber auch unter dem des Pietismus traten noch meh=
rere solcher Arbeiten ans Tageslicht, so i. J. 1723 ein
„neues Gesangbuch auserlesener geistreicher Lie=

der zum Lob und Preis Gottes" von Joh. Ludwig Steiner, mit neuen und leichten zwei- und dreistimmigen Melodien. Ihm folgte 1745 als ein Werk von einiger Bedeutung, doch vorherrschend in musikalischem Interesse, Joh. Thomann's, des Cantors bei St. Peter: „Erbaulicher musikalischer Liederschatz, bestehend aus 500 geistlichen Liedern, mit 275 Melodien", ein-, zwei- und dreistimmig, durchgehends mit Generalbaß. Der kundige und begeisterte Musikfreund, Joh. Schmidlin, Pfarrer zu Wetzikon, gab i. J. 1752 heraus sein „Singendes und spielendes Vergnügen reiner Andacht in Gott", mit 259 drei- und vierstimmigen Liedern und Cantaten, und 214 Soli mit beziffertem Basse. Diese ausgedehnte Arbeit hatte er während seiner zehn Vikariatsjahre gefertigt. Hier ist der Einfluß des Pietismus unverkennbar; Schmidlin's nächste Verwandte waren eine Herrnhuterfamilie und er selbst gehörte seiner ganzen Gemüthsrichtung nach ihnen an. Die Sammlung fand theils durch die Wärme der Lieder, die man bei Lobwasser natürlich nirgends so antraf, theils durch das Anziehende und Volksthümliche, wenn auch oft Tändelnde der Weisen ungemein schnelle und große Verbreitung, und wenn sie auch stets eine Privatarbeit blieb und bloß durch Schmidlin's und den persönlichen Einfluß einiger musikbegabter und eifriger Geistesverwandter in manchen Kirchen Eingang fand, so wurde sie desto heimischer in Familien und kleinern und größern Kreisen von Freunden geistlichen Gesanges und verdient unter den Mitteln zur Hebung gesunden musikalischen Sinnes, zumal am eigentlichen Altare innigen Gesanges, in der Familie, bleibende Ehrenerwähnung. Schmidlin selber starb am 5. Nov. 1772, nie verheirathet, der letzte seines Geschlechtes.

Kurz vor Schmidlin hatte der Zürcher Cantor Hs. Kaspar Bachofen durch ein kleineres aber ähnliches Werk in derselben Weise sich verdient gemacht; es war dieß sein „musikalisches Halleluja", welches i. J. 1750 in 5. Auflage erschienen war. Auch hier ist der Grund= ton der Lieder durchaus der pietistische, oft der tändelnde von Benjamin Schmolke, die unbillig übertreibende Welt= verachtung, mitunter die unkeusche Wundenbespiegelung aus der Zeit schwerer herrnhutischer Verirrung; diese Richtun= gen haben hier den gesunden Paul Gerhard fast völlig verdrängt. Auch drei ältere lateinische Hymnen fanden Aufnahme.

Hatte inzwischen die von Seite des Pietismus gekom= mene Anregung und vornehmlich das Bestreben um sprach= liche Reinigung manches vorbereitet, so mußte, wie sich's an Ziegler's Werke schon gezeigt hat, die Aufklärung, welche in Deutschland sowohl die alten Gesangbücher als die Lieder jener Richtung lebhaft bekämpft hatte, ihre ästhetischen Forderungen in Zürich um so mehr geltend machen, als diese Stadt durch Bodmer und Breitinger der Ausgangspunkt jener ästhetischen Reformation geworden war. Läßt sich auch das Vorhandensein solcher Empfänglichkeit nicht läugnen, da sie mit dem nüchtern praktischen Wesen der Zürcher eng verwachsen war, so bleibt hinwieder un= bestreitbar, daß sie sich noch nicht über weite Kreise er= streckte und daß denselben viel zu thun oblag. Nach= dem man lange in einer tobten Reihenfolge die Psalmen vom ersten bis letzten der Ordnung nach gesungen hatte, ohne den eigenthümlichen Sinn weder der Psalmen noch die Rücksicht auf die verschiedenen Jahreszeiten und Gottes= dienste zu beachten, war i. J. 1768 vom Rathe erkannt worden, die Psalmen Davids „sollten zwar nach bisheriger

Uebung weiter in den gewohnten Melodien der Ordnung nach
gesungen werden, doch so, daß man eine Auswahl der Psalmen
und einzelnen Stücke beobachte, welche auf alle Umstände
der singenden Gemeinde sich am füglichsten schicken und zu
allgemeiner Erbauung dienen." Es war dieß ein kleiner
Vorbote kommender Dinge. In der Herbstsynode 1778
wünschte man, es möchte auf Verbesserung des Kir=
chengesanges gedacht werden, namentlich der höchst unzweck=
mäßigen Katechismuslieder in der Kinderlehre. Man wies
die Angelegenheit an eine Kommission. Diese fand, die
Psalmen der Reihe nach zu singen sei nicht gut, darum
habe man auch zu Stadt und Land nicht mit Unrecht im
Stillen sich schon kleine Abweichungen erlaubt. Die Psal=
men solle man behalten, aber nach Zieglers Uebersetzung;
die Einführung von Liedern wolle man, weil Mißverständ=
nissen ausgesetzt, unterlassen. Der Pfarrer solle den
Gesang selber auswählen, die Verse vor der Predigt auf=
stecken lassen, die nach derselben laut der Gemeinde an=
zeigen. Die Regierung aber verwarf die Anträge und
erkannte, es solle bei der jetzigen Auswahl der Psalmen
bleiben, die Kunstschüler sollen zur Unterstützung des Ge=
sanges angeleitet werden. Jetzt griff man die den Psalmen
beigegebenen Lieder an, nannte sie in der Maisynode 1782
sehr anstößig und wünschte ihre Abschaffung. Die damals
noch bestehenden Censoren erhielten vom Rathe den Auftrag,
die vorhandenen Exemplare dieser alten Kirchengesänge
zu confisciren und zu veranstalten, daß sie nicht mehr ge=
druckt würden. Gegen die Confiskation trugen dieselben
jedoch Bedenken; der Verleger hätte, weil jene Lieder, ihr
Druck und Verkauf noch nie verboten gewesen, Ursache sich
zu beschweren. Zudem werde von diesen Gesängen im
öffentlichen Gottesdienste nicht, wohl aber in Singstunden

Gebrauch gemacht, so daß auch der meiste Verlauf in den Landfrieden und nach Glarus und Appenzell gehe. Sie meinten darum, es möchte genügen, den Privatgebrauch dieser Lieder durch Vorstellungen der Prediger mißrathen zu lassen, im Landfrieden deren Benutzung beim Gottes= dienste zu hindern, und den Buchdruckern zu befehlen, künf= tighin ohne Vorwissen der Censoren weder Testament noch Psalmenbuch zu verlegen.*) So zog sich die Sache hinaus, eine öffentliche Entscheidung zögerte, Einsichtige hatten sie im Stillen schon gefällt. Schon i. J. 1765 hatte J. K. Lavater die Psalmen neu und besser bearbeitet, 1769 eine Sammlung „auserlesener geistlicher Lieder aus den besten Dichtern" herausgegeben. In dem Vorworte sagt derselbe gegen den Schluß: „Bei dieser Gelegenheit ist mir unmöglich, nicht noch einen Wunsch beizufügen, der mir und sehr vielen redlichen Christen in unserm lieben Vaterland, denen an einem vernünftigen Gottesdienst etwas gelegen ist, schon lange sehr schwer auf dem Herzen liegt; der nämlich, daß es doch endlich einmal bei einem so schö= nen Vorrathe vortrefflicher Lieder der Obrigkeit gefallen möchte, nach dem Beispiele anderer angesehenen evang. Gemeinden das ununterbrochene Absingen aller, oft so sehr unschicklichen Psalmen abzuschaffen, und mit Beibehaltung der schicklichen solche geistreiche Lieder bei unserm öffent= lichen Gottesdienste einzuführen, die sich für eine Gemeine erleuchteter reformirter Christen besser schicken und nicht zu so vielem gerechten Aergerniß Anstoß geben würden."

---

*) Dieser Ausdruck ist abermals nur zu verstehen unter der Annahme, daß die Herausgabe der Psalmenbücher und Bibeln bis dahin Privatsache des Verlegers gewesen. Ein angesehener Geistlicher wurde dazu um eine Vorrede angegangen.

Das Buch selbst enthält viele Vorzüge. Lavater betrieb nun die Aufstellung eines bessern Kirchengesangbuches ebenso kräftig als originell. Er hatte in der Maiensynode 1779 in einem feurigen Vortrage über die Angriffe auf das Christen=thum, z. B. durch die Wolfenbüttler Fragmente, und über das Sinken des kirchlich religiösen Lebens gesprochen und zur Wachsamkeit aufgefordert. Man hatte ihm Uebertreibung, Aengstlichkeit vorgeworfen und seinen Klagen wenig Gewicht beigelegt. Mißmuth hatte ihn befallen. Im April 1785 begann er, nochmals auftretend, mit einer Parabel: „In einem Lande mußten die Hirten zweimal im Jahre zu=sammen kommen, sich über die Schafzucht zu berathen. Ein junger Hirte, welcher glaubte, die an alle gerichtete Frage gehe auch ihn an, warnte seine Brüder vor Raubthieren, die er in der Nähe wahrgenommen. Vielen seiner Brüder war die Warnung willkommen und sie glaubten dieselbe; andere sagten, es sei da gar nicht vor Raubthieren zu warnen. Der Hirt aber hatte geglaubt, weil die andern schwiegen, er aber dieselben wahrgenommen, müsse er die Anzeige machen. Weil nun darauf schiefe Beurtheilungen, geistlose Neckereien erfolgten, wollte er nicht mehr bei=wohnen. Allein ein Schreiben des obersten Hirten ermun=terte ihn, nicht bei allgemeinen Klagen stehen zu bleiben, und so legt er nun den Wunsch vor, daß man den Schafen anstatt schlechten Futters besseres gebe oder dieses von jenem sondere." Daran schloß er seine Beschwerden über den Kirchen=, namentlich den Katechismusgesang, und wünschte bringend, man möchte sich endlich zu einem entschiedenen Vorgehen aufraffen. Natürlich konnte die Synode nicht sofort eintreten; der Antistes Ulrich verhieß aber mit an=erkennenden Worten, diese Angelegenheit zu seiner eigenen zu machen. Auch jetzt noch fanden die Oberbehörden, eine

Verbesserung des Kirchengesanges sollte im Stillen vorbereitet werden; auctoritate publica gehe es nicht gut. Die
Dekane wollten unter der Hand mit Einführung von guten
Liedern Versuche anstellen. Schon in der Synode des nächsten Jahres trat der nämliche Wunsch in bestimmter Form
auf. In der Frühlingssynode am 9. Mai 1786 brachte der
Dekan des Winterthurer Kapitels, Pfarrer Escher in Buch,
im einstimmigen Auftrage der Prosynode den Wunsch vor,
man möchte auf Abänderung und Verbesserung des Kirchengesanges bedacht sein. Der Antistes Ulrich unterstützte
ihn lebhaft. Der Rath vermochte auch jetzt noch seine Be-
denklichkeiten gegen diese Neuerung nicht ganz zu über-
winden und kam nur soweit entgegen, daß er den Wunsch
aussprach, es möchte eine vollständige geistliche Liedersammlung erscheinen, nach deren Einführung sich dann das Publikum selbst sehnen würde." Diese erschien denn auch, zum
Beweise, daß man sich in vielen Kreisen schon allen Ernstes
mit der Sache beschäftigt hatte, gleich im Jahre 1787
unter dem Titel: „Christliches Gesangbuch, oder
Sammlung auserlesener Psalmen und geistlicher
Lieder über alle wichtigen Wahrheiten der Glau-
bens- und Sittenlehre; mit den beliebtesten Psalm-
und vielen neuen, sehr leichten vierstimmigen Choralmelo-
bien. Herausgegeben mit Rücksicht auf vaterländisches Bedürfniß".
Aber so still, so ganz als Privatarbeit trat diese Sammlung in die Welt, daß man nur die beiden Herausgeber,
außer ihnen aber z. B. aus einschlägigen amtlichen Proto-
kollen nichts Näheres über die Entstehungsweise des Buches
kennt. Jakob Christoph Nüscheler, 1743 bis 1803
lebend, Archidiakon am Großmünster, war damals ein auf-
geklärter Prediger in der Weise eines Teller, Sack, Spal-

ding, und die Auswahl, Anordnung und Behandlung der
Lieder zeugt sowohl von seiner Bekanntschaft mit diesem
Gebiete, als von seinem Eifer, den Bedürfnissen für reli=
giöse Volksaufklärung und Erbauung abzuhelfen. Anders
als in der Weise seiner Zeit konnte er es nicht thun. Als
sein Mitarbeiter am Texte der Lieder ist noch zu erkennen
Salomon Wolf, Dekan in Wangen, 1752—1810. An
genauer Kenntniß der vaterländischen Geschichte von Weni=
gen übertroffen, wohl bewandert in Theologie und Philo=
sophie, besaß er als Liederdichter große Einfachheit und
Wärme. Seine dichterischen Bearbeitungen der Psalmen
sind oft wahre Hymnen, durch edeln Inhalt, Kraft und
Schönheit des Ausdrucks hervorragend und dabei oft·von dem
Glanze des Evangeliums gar hell umstrahlt. Auch Lavater
nahm zuerst freudigen Antheil an diesem Werke; gegen 40
Lieder des damaligen Gesangbuches sind schon in dem von
ihm bearbeiteten Werk enthalten. Er selbst bezeichnet in
der Vorrede sein Gesangbuch als einen Auszug aus Zolli=
kofers Gesangbuche, und dieses, betitelt: „Sammlung der
besten geistlichen Lieder beim öffentlichen Gottesdienst der
Reformirten," im Jahre 1766 für den Gebrauch der refor=
mirten Gemeinde Leipzigs herausgegeben, bildet die Grund=
lage dieses Zürcher Gesangbuches. Zollikofer hatte die
„neue Liedersammlung für den öffentlichen Gottesdienst",
durch den Oberconsistorialrath Dietrich zu Berlin 1765
veröffentlicht, wesentlich benutzt. Als aber mehrere Lieder
in rationalistischer Weise sehr stark verändert wurden, wandte
sich Lavater unwillig rasch ab. Der zweite Herausgeber
dieses unsers alten Zürcher Gesangbuches, Professor Jakob
Däniker, 1742—1805, zuerst Pfarrer zu Wallisellen,
später Lehrer der Buchhaltung und der Religion an
der sogenannten Kunstschule, seit 1803 auch des Choral=

gesanges, ein guter Sänger und Musikkenner, scheint vor=
züglich die Melodien besorgt, vermuthlich auch deren einige
verfertigt zu haben. Mit ihm arbeitete der damals sehr
bekannte und beliebte Musiker und Komponist Zürichs,
Heinrich Egli, 1742—1810, der tüchtige Schüler des
Dekan Schmiblin zu Wetzikon. Die Goudimel'schen Psalm=
melodien, deren noch 70 bei einer Gesammtzahl von 139
Weisen beibehalten wurden, nahm er nach dieses seines
Lehrers einfachem Tonsatze auf. Er selbst schuf ungefähr
50 neue Melodien, theils an alte anlehnend, meistens aber
selbstständig, bisweilen etwas nüchtern, sehr oft nicht ohne
Glück. Dieses Gesangbuch fand manchen Ortes schnell
und freudig Eingang, aber stets nur auf außeramtlichem
Wege, bis die Jubelfeier der Reformation im Jahre 1819
seine Einführung förderte, weniger durch bestimmte Empfeh=
lung desselben, als durch Aufmunterung, die Pfarrer möchten
auch Lieder singen lassen, die nicht nach Psalmmelodien
gehen, jedenfalls nicht mehr den Psalm neben dem Liede
ankündigen. Denn bis dahin hatten die ältern Leute mei=
stens die alten Psalmworte, die jüngern das Lied zur
nämlichen Melodie, die darum immer noch eine alte Psalm=
weise hatte sein müssen, gesungen. Daß diese letztern nun
nicht mehr angezeigt wurden, nahm man anfänglich manchem
Pfarrer sehr übel. Gerade diese stille Verbreitung, ver=
möge der das Werk sich durchaus selbst die Bahn brach,
bildet eines der günstigsten Zeugnisse für dasselbe, und
neuere Kritiker haben vom Standpunkt der Gegenwart aus
vielfach unrichtig und unbillig geurtheilt. Einer der ersten,
welche sich um dieses Gesangbuches praktische Einführung
lebhaft bemühten, war Lavaters College, Pfenninger. Mit
seinen Töchtern zuerst, dann mit einem weitern Kreise übte
er die Weisen, so daß dieselben im St. Peter in Zürich am

frühesten voll ertönten. Später, als Joh. Georg Geßner
Pfarrer am Fraumünster war, besaß diese vielbesuchte
Kirche einen sehr schönen, weit bewunderten Gesang.

Noch sei hier kurz der eigenthümlichen Gesänge gedacht,
welche seit 1639 nach einer Verordnung des Rathes dem
Katechismus beigegeben und für die Kinderlehre, vor und
nach derselben, fest vorgeschrieben waren. Laut der Geschichte des Zürcherkatechismus von S. Heß hatte Hans
Kaspar Suter, Archidiakon zum Großmünster und Chorherr, den Katechismus in 48 Sonntage eingetheilt und
vermuthlich zu jedem derselben einige Strophen aus Lobwasser'schen Psalmen ausgewählt. Diese Strophen besaßen
zusammen 13 Melodien, und dienten nur zum Gebrauche
vor der Kinderlehre. Es scheint, daß der schon genannte
Chorherr Rudolf Ziegler, vielleicht schon vor 1749,
seine Verbesserungsvorschläge auch auf diese Psalmgesänge
ausgedehnt hat. Bekanntlich drangen sie damals noch nicht
durch, unbedeutend waren die vorgenommenen Aenderungen.
Erst i. J. 1810 wurde dieser Katechismusgesang nach der
Umarbeitung des Dekan Sal. Wolf zu Wangen verändert
und blieb nun so bis zum Auftreten des neuen Katechismus i. J. 1838. Diese Umarbeitung traf auch die Gesänge nach der Kinderlehre. Der ursprüngliche Verfasser
war der Archidiakon Joh. Kasp. Murer. Schon 1624
erschienen als „Hauptsumme der christlichen Religion nach
Ordnung des Catechismi gsangsweis verfasset und ausgesetzt; daraus die fürnehmsten Artikel der evangelischen Lehre
leichtlich mögen gefasset und erlernt werden," wurden sie 1639
dem Katechismus einverleibt. Zuerst 62 Strophen vermehrten
spätere Aenderungen sie 1662 auf 100 Strophen, welche
also einen versifizirten Katechismus bildeten, ganz in der
schon zur Reformationszeit so beliebten siebenzeiligen Stro-

phenform: „Nun freut euch, liebe Christeng'mein" oder:
„Es ist das Heil uns kommen her" (vgl. Zürcher Ges.
8. 44. 98. 277.). Auch diesen zusammenhängenden Schluß=
gesang hatte Chorherr Ziegler in 96 Strophen umge=
arbeitet; auch dieses Werk des thätigen Mannes warb wohl
empfohlen, aber nie wirklich eingeführt. Lavater hatte 1780
ebenfalls 60 Lieder nach dem Katechismus geschaffen, und
vom Archibiakon Joh. Tobler erschien nach 1790 auch
ein verbessernder Vorschlag.

Während der Vorbereitungen zu einem Gesangbuche
anstatt des Psalmenbuches erschien der Rath mehrmals in
der Stellung des bedenklich Zögernden. Schwerlich ist an=
zunehmen, die lebhafte Strömung jener Zeitrichtung habe
so ganz vorherrschend die eigentlich gelehrten Stände, so
z. B. namentlich den geistlichen erfaßt, daß hier allein das
Streben nach einem bessern Neuen sich geltend machte.
Die wirkliche Sachlage mag vielmehr die gewesen sein, daß
die Geistlichen, ganz in und unter dem Volke lebend, die
Nothwendigkeit eines bessern Buches tief erkannten, vielleicht
aber die langsame Entwicklung solcher Einsicht in der Menge
selbst im idealen Streben bisweilen übersahen, die Glieder
des Rathes dagegen, wohl nicht alle vom glühendsten kirch=
lichen Eifer erfüllt, gegen Neuerungen aller Art in jener
längst still gährenden Zeit bedenklich waren und einzelne
Aeußerungen der Unzufriedenheit über bloß besprochene
Aenderungen entweder in diesem ihrem Interesse oder in
wirklicher Aengstlichkeit zu hoch wertheten. Wie ängstlich
der streng conservative Sinn sowohl am Herkommen als an
gleichförmigem Verhalten zumal in den kirchlichen Formen
hing, ergibt sich z. B. auch daraus, daß nicht selten wahr=
hafte Verbesserungen um dieser Rücksicht willen abgewiesen
wurden, so im Jahre 1725 das Gesuch der (jetzt thur=

gauischen) Gemeinde Scherzingen, bei der heiligen Com=
munion singen zu dürfen, wie dieß an einigen Orten des
Thurgau üblich sei; man solle, ward erwidert, bei den alten
ritibus bleiben. Denen in Zurzach ward 1754 eben so wenig
gestattet, anstatt des Lesens von Bibelabschnitten während der
Abendmahlsfeier zu singen theils wegen der Gleichheit mit allen
Gemeinden, theils weil die Kirchenordnung das Lesen vor=
schreibe. Allerdings konnte dieses Festhalten am Bisherigen oft
genug eine Begründung zu finden glauben in dem bisweilen
ungestümen Widerstande, welchen die Bevölkerung wohlge=
meinten Verbesserungen manchen Pfarrers entgegensetzte. Als
der Pfarrer zu Ellikon den neuen Passionsgesang (vermuth=
lich den Ziegler'schen: „Herr Jesu, deine Liebesmacht")
einführen wollte und der Schulmeister denselben vorgesungen
hatte, weigerten sich im Juni 1770 die Bauern beßwegen,
ihm ihre Kinder ferner in die Schule zu schicken. Das
Winterthurerkapitel, für die Verbesserung des Kirchen=
gesanges offenbar sehr thätig, hatte in Folge der Anre=
gungen in der Synode i. J. 1786 einmüthig beschlossen,
in der Kinderlehre nicht mehr die unschicklichen Psalmen,
welche für diese gottesdienstlichen Stunden jeden Sonntag
vorgezeichnet waren, sondern den Katechismusgesang zum
Anfang und Schlusse singen zu lassen, weil beide Theile,
die Verse vor und die nach der Katechisation zusammen den
Inhalt der zu erklärenden Fragen enthielten. Es entstanden
Unruhen. In Wildberg und anderswo faßte die wohlthätige
Neuerung Boden. In Dynhard hatte der neugewählte
Pfarrer mit seinem Amtsantritte diese Ordnung begonnen.
Anfangs erregte die Neuerung nur stummes Erstaunen.
Unterdessen hatte aber der Vikar zu Rickenbach der Un=
ruhe, welche dort entstanden war, als er zum fünften Kate=
chismussonntag nicht den 38. Psalm, sondern die betreffen=

den Verse des Katechismusgesanges hatte singen lassen, nachgegeben und war zu den Psalmen zurückgekehrt. Sieges= stolz verschrieen die Rickenbacher den Pfarrer zu Dynhard als einen Neuerer, höhnten sammt denen von Altikon die Dynharder und deren Schulmeister wegen ihrer Unter= thänigkeit, und so kam es, da der Landrichter Fluck in Dynhard eine höchst zweideutige Haltung annahm, dazu, daß am 2. April 1786 in der Kinderlehre, ehe der Schul= meister den Gesang anstimmen konnte, die Emporkirche rasch den jenem Sonntage zugetheilten 51. Psalm anstimmte und ohne Störung vollendete. Nach vielem Hin= und Her= reden legte sich die Erhitzung; der verbesserte Gesang scheint doch festgehalten worden zu sein. Jedenfalls muß in der 2. Hälfte dieses 18. Jahrhunderts der Gesang da und dort höchst mangelhaft geklungen und oft kräftiger Nachhülfe gar sehr bedurft haben. In Zürich selbst wurde 1742 im Auffahrtsconvente der Anzug gemacht, die Gesangübungen der Studenten und Schüler, welche am Donnerstag= nachmittag im Großmünster statt gefunden hatten, aber ein= zugehen drohten, sollten neu in Gang gebracht werden. Von Glattfelden wird aus dem Jahre 1775 gemeldet, daß viele Weiber an Communionssonntagen vor dem Gesange die Kirche verließen. Namentlich hielten überhaupt die ältern Leute beharrlich an Lobwasser wie an der da= maligen Singart fest. Theils war der Gesang ein be= täubendes Geschrei, wo Vorsänger und Gemeinde einen Wettkampf zu kämpfen schienen, wer am lautesten schreien könne; theils ward aus Unkenntniß wie aus einem sonder= baren Freiheitsgefühle die natürliche Stellung der Stimmen verkehrt, und nicht nur, wie dieß vor wenig Jahren mit= unter noch zu hören war, der Tenor, sondern selbst der Baß durch weibliche Stimmen gesungen, sogar der Alt

erklang nicht selten in der höhern Octave. Es gab Ge=
meinden, in denen die Mehrstimmigkeit sehr geringe Fort=
schritte gemacht hatte, vielleicht im Laufe der letzten Jahr=
zehnte wieder abgekommen war; so sang man um 1815
in Töß fast nur einstimmig, dagegen desto schmetternder.
Anderwärts rangen mit dem Psalmengesange bisweilen,
gefördert durch einsichtige Gesangesfreunde und durch die
Nachtschulen, welche an vielen Orten den Gesang kräftig
hoben, die Sammlungen von Schmiblin, Bachofen, Heidegger,
so z. B. in Wetzikon und Veltheim. Von Glattfelden wird
berichtet, daß man schon 1788 beschlossen habe, sich nach der
Kinderlehre und an den Sonntagabenden in den Liedern des
neuen Gesangbuches zu üben; 1789 führte man daselbst den
Gesang auch bei den Samstagmorgenpredigten wieder ein,
1792 hatte dieses Buch sich dort völlig eingelebt.

Noch auf eine Schwierigkeit muß hingewiesen wer=
den; in ihr lag zugleich ein Erklärungsgrund für die
sehr bedeutende Mangelhaftigkeit des damaligen Gesan=
ges. Der Volksgesang hatte schon im 17. Jahrhundert
allmälig, der allgemeinen Entwicklung der Tonkunst fol=
gend, die alten Kirchentöne an die chromatische Tonleiter
getauscht, welche mit ihren zwei einzigen Tonarten, der
harten und der weichen, sich weit leichter dargeboten und
vollständiger war aufgefaßt worden als die alten Kirchen=
töne, welche allerdings weit inhaltsreicher, dem kundigen
Meister ein herrliches Material für tiefen und gewaltigen
Ausdruck boten, aber an sich spröde und unveränderlich
feststehend den Unkundigen fremd bleiben mußten. Noch
folgte der Psalmengesang diesen Kirchentönen; aber längst
war ein neues Geschlecht herangewachsen, welches weder
diese Tonarten, noch ihre eigenthümlichen harmonischen
Verhältnisse kannte, ja sie durchaus nicht verstand. Wie

frembartig klingen uns heut zu Tage diese Akkorbreihen,
wie wenige von unsern geübten Sängern vermögen sich die=
selben klar zu machen, die gewandtern nehmen unsere Moll=
leiter zu Hülfe und erfahren, wie selten sie ausreicht. Un=
geübte aber stürzen sich mit Todesverachtung in diese Weisen,
kümmern sich weder um kleine noch große Terz, mischen
alles burcheinander und — können mit einstimmigem Ge=
sange zu Ende kommen, vielleicht geht es noch mit einem
Basse, aber nimmermehr mit den Mittelstimmen. So sang
mancher gerühmte Vorsänger richtig, vielleicht ohne es zu
wissen, und die Gemeinde sang ihm, mißtrauend den selt=
sam ernsten Klängen, schüchtern und schwankend nach, oder
er sang unrichtig, aber der modernen Tonleiter gemäß,
muthig folgte ihm die Gemeinde, blind dem blinden Führer,
und wunderte sich wahrscheinlich, warum es denn doch mit
den übrigen Stimmen nicht habe gehen wollen. Rechnet
man zu dieser Verwirrung hinzu das Chaos der Stimmen,
welche von Männern und Frauen in 2 Octaven gesungen
wurden, wie Tenor und Baß, ferner den hohen Alt, be=
denkt man endlich den endlos schleppenden Gang, den Mangel
jeder frischen Bewegung, so fühlt man, daß von ächter Er=
bauung kaum die Rede sein konnte. Da mußten Bachofen
und Schmiblin in den Herzen zünden! Der Kirchengesang
aber war an die Schwelle seiner britten Periode getreten. Der
Psalmengesang in den alten Kirchentönen begann zu ver=
stummen. Es folgte die Zeit der Gesangbücher und
der modernen Singweisen.

. Diese 3. Periode ergibt sich von selbst aus der neuen
Gestaltung des Kirchengesanges, und begreift unsere Tage
in sich. Sie ist den beiden ersten unbedingt überlegen, eine
noch nicht ausgereifte, immer noch schöner reifende Frucht
berselben. Gleich den edelsten Früchten gedieh der Gemeinde=

gesang als vierstimmiger erst unter der heißen Glut viel=
facher Kämpfe und Prüfungen. In den ersten Jahrzehnten
selbst noch schwach, langsam und mühsam am neuen
Liede und der neuen Weise sich emporrankend, hat er in
neuerer Zeit von drei Seiten belebenden Antrieb erhalten,
von der Reformationsfeier im Jahre 1819, von der
frischen Erhebung des Volksgesanges durch Hs. Georg
Nägeli und von der neuen Gestaltung der Volks=
schule. Die Reformationsfeier übte wohlthätigen Einfluß,
sofern die festliche Stimmung natürlich auch in schönem
Gemeindegesang ihren Ausdruck finden sollte, und der An=
trieb ihn zu heben, nun doch fortwirkte und bestimmter
als bisher auf das Gesangbuch hinweisend die letzten Be=
denken gegen dasselbe hob. Hat Nägeli im Allgemeinen
durch Förderung des Volksgesanges auch dessen schönste
Blüte, den Kirchengesang gefördert, so darf als ein be=
sonderes Hülfsmittel sein „christliches Gesangbuch
für öffentlichen Gottesdienst und häusliche
Erbauung (Zürich 1828 und 1829)" nicht unbe=
achtet bleiben, nicht zwar um der Lieder, wohl aber um
der Weisen willen. Nägeli's Bedeutung ist nicht nach den
einzelnen schönen Chorälen zu messen; so wenig diese Art
seine stärkste Seite war, so wenig kann die Vorzüglichkeit
manches einzelnen geläugnet werden. Unter den 100 Weisen
seines Choralwerkes findet sich eine Anzahl vortrefflicher,
edler Choräle, die dem Gottesdienste zur würdigen Zierde
gereichen. Aber wichtiger ist, daß er im Gegensatze zu den
meisten Psalmmelobien und deutschen Weisen, welche ent=
weder nie in einer nähern Beziehung zum Volksgesange
gestanden hatten oder demselben durch die Länge der Zeit
waren entrückt worden, durch die Eigenthümlichkeit, die
Einfachheit und Anmuth seiner gelungenern Weisen diese

nahe Beziehung und Verwandtschaft des Kirchenliedes mit dem Volksliede im besten Sinne wieder auffrischte und thatsächlich spüren ließ. Er hat laut und schön daran erinnert, daß edle Volksthümlichkeit der Boden des ächten Chorals sei. Nicht ohne Bedeutung ist seine Vorrede zu genanntem Choralwerk. Nach derselben muß sich in den Zwanzigerjahren unsers Jahrhunderts auch bei uns vielfaches Nachdenken über würdigen Kirchengesang geregt haben. Man war dessen klar bewußt worden, nur der Gesang sei „ächt und schön, wahrhaft bildend und erbaulich, der zum Texte passe." Ferner sei eine große Zahl von Tonweisen zu schwer als Volkschöre, welche sie im Kirchengesange doch sein sollten. Eine Umgestaltung erschien dem Meister mithin unerläßlich. Er dachte sich zwar — und hier könnten nicht viele ihm folgen! — eine Zeit, wo der Figuralgesang an die Stelle des Chorals treten werde; durch einen „wohlberechneten Choralstyl" strebte er diesen einstigen Wechsel gleichsam vorbereiten zu können. Darum waren diese seine neuen Weisen durchaus so gehalten, daß sie „auch als Mensuralgesänge, im Takte, ausgeführt werden" könnten, so daß „damit dem Volke der Uebergang vom Choral zum Figural angebahnt und praktisch erleichtert werden soll." Hernach fügt er gute Rathschläge hinzu, die unten ihre Beachtung finden werden. Durch alle die Styl = Eigenschaften dieser Choräle, wie dieselben für Musikverständige eigens hervorgehoben sind, suchte er „die Tonergießung der Menschenstimme" zu begünstigen und „den vollen Tonstrom" zu gewinnen, der allein für den Mangel des Rhythmus ästhetisch entschädigen könne. — Die neue Volksschule endlich hat beides gethan, die Gesangeskenntniß gefördert, so viel ihr auch hier noch immer zu thun bleibt, größere Gesangeslust geweckt, und aus dem frischen Gesangesleben außerhalb der Kirche ist doch in der That vieles der Kirche selbst zu gute gekommen. Als nun im Jahre 1853 das neue Kirchengesangbuch, an sich zu frühe und darum nicht recht natürlich gereift, dennoch aber ein anerkennenswerther Fortschritt, erschien, fand es die freudige und befähigte Aufnahme, welche wir von ihm wie von unsern Gemeinden rühmen dürfen, und hinwieder ist unbestreitbar, daß auch dieses Werk vermittelst mancher ebeln musikalischen Bestandtheile, welche es in sich enthält, den Kirchengesang gefördert hat und noch fördert. Von dieser Seite aus verdient es sowohl wegen seiner Tüchtigkeit als seltenen musikalischen Vielseitigkeit alle Anerkennung.

III. Die Förderung des Kirchengesanges.

Ein Blick auf das Wesen des Kirchengesanges bezeugt unzweifelhaft seinen hohen Werth. Wenn hierin die Pflicht seiner Hebung und Unterstützung begründet liegt, so beweist seine Geschichte die Nothwendigkeit, seiner sich liebevoll und einsichtig anzunehmen. Es ist unerläßlich, sich klar zu machen, daß und warum der Kirchengesang bestimmter Anstrengungen zu seiner Förderung bedarf. Seine erhebenden Wirkungen fordern ja auch dazu auf. Soll ferner die Gemeinde fähig sein zu diesem Theile des Gottesdienstes, so wird sie dazu angeleitet werden müssen. Zwei Verhältnisse erheischen insbesondere solche Pflege des Kirchengesanges, nämlich die Vierstimmigkeit desselben und seine Selbstständigkeit, d. h. der Mangel eines tragenden Instrumentes, der Orgel. Berühren wir beide mit wenigen Worten!

Die Vierstimmigkeit ist ein edler Vorzug des kirchlichen Gemeindegesanges, bei aller anscheinenden Künst-

lichkeit dennoch der natürliche Gesang. Die Einwendungen
gegen denselben kommen theils von dem Gebiete der Kunst,
weit mehr jedoch von dem einer etwas engherzigen Kirch=
lichkeit her. Unter andern hat besonders Häuser in seiner
„Geschichte des christlichen, insbesondere des evangelischen
Kirchengesanges" den vierstimmigen Gesang bestritten; er
sei, „wenn nicht unmöglich, doch unnöthig, unzweckmäßig,
schädlich und andachtstörend, weil am Ende die Gemeinde
statt Lieder und Gedanken nur Noten und Töne singen
und die Erbaulichkeit gänzlich verloren gehen würde. Denn
indem man auf seine Mittel= oder Baßstimme denkt, also
die Kunst sucht und übt, kann man sich nicht den Gedanken,
dem Sinne des Liedes selbst im Gefühle hingeben. Durch
Aufmerken auf die Noten ist die Seele gehindert, den In=
halt des Eindrucks der Gesänge zu empfinden." — „Welche
Argumente!" fügt Lange bei. „Keine Ahnung von dem
Wesen der Kunst oder des vierstimmigen Gesanges über=
haupt ist hier bemerkbar." Man tadelt also die musika=
lische Mangelhaftigkeit; wirkliche Vierstimmigkeit finde sich
selten oder nie, das Stimmenverhältniß sei nie das richtige,
die Mittelstimmen kommen stets zu kurz, die Singenden
sitzen zerstreut durch einander; nur eine kleine Anzahl
leichterer Choräle könne ausgeführt werden. Der Gesang
sei allen Uebeln unsicherer Haltung, steten Schwankens
unterworfen, unrein, schleppend, in seiner Tonhöhe sinkend,
selbst stockend. Ja, es sei geradezu unmöglich, die Ge=
meinde als ein Ganzes zu einem guten Kirchengesange zu
bringen. Einige dieser Schwierigkeiten bestehen und machen
sich mehr oder minder fühlbar; allein sie sind theils von
geringer praktischer Bedeutung, theils nicht unüberwindlich.
Eine Gemeinde ist weder eine Schule noch ein Gesang=
verein. Darum kann man nicht leicht nach Stimmen setzen

ober gar nach Stimmen eintheilen; man kann manche un=
reine ober unrichtige Stimme weder korrigiren noch schweigen
heißen und ausschließen; man kann die Weisen nicht schul=
mäßig einüben. Aber man hat vor sich die Gemeinde in
ihrer reichen Mannigfaltigkeit, mit ihrer vielfachen Be=
gabung, mit der freien Bethätigung und dem lebendigen
Antheile des Einzelnen. Das sind wichtige Ausgangspunkte,
von benen aus kundiger Fleiß, reife Ausbauer, warme Liebe
zum Kirchengesange schon Edles geleistet haben. Nicht
wenige Gemeinden gibt es, in beren Kirchen nicht bloß
einige, sonbern viele schöne, selbst schwierigere Choräle
in erhebendem Chore, oft in majestätischem vierstimmigem
Strome einherwogen. — Eben bann aber, so wenbet jene
Kirchlichkeit ängstlich ein, leibet die Anbacht noth. Die
erhabene Kraft des einstimmigen Chores geht verloren. Vor=
nemlich aber achtet man mehr auf ben Ton als die Worte,
ja man vergißt bieselben und ihren Sinn fast völlig über
dem Suchen des Tones. Zubem vermag nur der Musik=
kundige einzustimmen, ben des Nachbars andere Stimme
ober der Zusammenklang der verschiedenen Stimmen nicht
stört. Daburch aber, wie burch ben Unterschied der ver=
schiedenen Haupt= und Nebenstimmen, entsteht auch ein
Unterschied der Gemeindeglieder, beren einer Theil un=
willkürlich eine höhere Geltung erhält als ber andere un=
kundigere. Nun ist aber die Gemeinde nicht mehr bie eine,
einheitliche, als welche sie im mächtigen einstimmigen Ge=
sange auch ben äußern Sinnen vernehmlich erscheint; die
Trennung burch ben Unterschied bes Singens ober Ver=
stummens, ber einen ober andern, einer Haupt= ober Neben=
stimme wirb zum Sinnbild einer innern Trennung. Das
wären nun allerbings schwere Anklagen, ja Verbammungen
bes vierstimmigen Kirchengesanges, wenn diese Wirkungen

in der That sich zeigten; gut ist's, daß sie nur in der Ein-
bildung vorhanden sind. Gerade der Kirchengesang, dessen
Bewegung, wiewohl sie keine schleppende sein darf, doch nie
den gehaltenen Ernst ruhig gemessenen Fortschreitens verlieren soll, erleichtert dadurch, wie durch die Vereinigung
Vieler, dem Einzelnen die Theilnahme gar sehr; wer nur
eine brauchbare Stimme besitzt und die hohe Bedeutung
des Gottesdienstes bedenkt, also mit einzustimmen sich gedrungen fühlt, der wird sehr leicht sich anschließen und
anlehnen können an Kundige, deren Gesang ihn leitet und
stützt, und mit seinen geringen Kräften, die aber gerade
durch sein Mitsingen erstarken müssen, wird auch er zur
Erbauung beitragen können. Es gibt hier, abgerechnet
die seltenen Ausnahmen der nicht mit einer Gesangstimme
Begabten, nicht einen Unterschied zwischen Sängern und
Nichtsängern im Sinne des Könnens, sondern des Wollens.
Den Ton zu suchen, kann in der That nicht die Andacht
stören; der Kundige findet ihn leicht, der Unkundige kann
leicht sich an andere anlehnen. Ebensowenig liegt eine
Störung im Zusammenklang verschiedener Stimmen; denn
theils ist jedes Ohr daran gewöhnt und damit vertraut,
theils sind die vier Stimmen in unserm Choral durchschnittlich so einfach gesetzt, schreiten so schlicht und im
Gegensatze zu künstlichen Fugenverschlingungen wie zu dem
rhythmischen Wechsel des altprotestantischen Chorals so
rhythmisch ruhig fort, daß gerade hierin eine wesentliche
Förderung auch für den minder Gesangskundigen liegt.
Wie vollständig gelangt hier das Wort zu seinem Rechte,
wie dichterisch schön erscheint es erst in diesem Gewande!
Und welche Kraft des Gesanges sollte hier verloren gehen?
Keine als nur die schwere Wucht des einen Tones. Die
geistige Gewalt der Harmonie bietet überreichen Ersatz.

Aber die gefährliche Trennung der Stimmen! Sie bilden ja doch erst in ihrem gleichzeitigen Erklingen die höhere Einheit der Harmonie, deren Macht die Seele so tief ergreift. Da tritt herrlich hervor die Einheit in der Mannigfaltigkeit und durch sie; und hier ist aufs würdigste hergestellt das treue Sinnbild der christlichen Gemeinde, welche, in ihren Gliedern so sehr mannigfaltig, durch den Hauch des Evangeliums zur einen freien Gemeinschaft der Liebe soll verklärt werden. Ist dieß Sinnbild nicht ungemein viel klarer und wahrer als jene Einstimmigkeit, welcher die Freiheit fehlt, weil sie die nicht künstlichen, sondern natürlichen Unterschiede hoher und tiefer, männlicher und weiblicher Stimmen verläugnet und Hunderte in die Schranken der einen, ihnen unangemessenen Stimme bannt? Die Einstimmigkeit ist doch erst eine niedrige Anfangsstufe des Gesanges, sie macht ein gesundes Fortschreiten unmöglich, von einem Wachsthum dem Schönern, Edlern entgegen kann keine Rede sein. Und gerade der christlichen Gemeinde sollte der Gewinn, den die edelste Kunst bieten will und kann, verwehrt sein? Je inniger die Kunst in diesem ihrem schlichten, aber reinen Festgewande sich mit der Gemeinde einigt, desto andachtsvoller stimmen die Herzen ein.

Die Kirchen unsers Kantons entbehren einer Orgel mit spärlichen Ausnahmen *). Anderswo bedient man sich

---

*) Seit 1806 besitzt Winterthur eine solche, welche neuerlich fast völlig umgewandelt worden. Im J. 1829 schafften Wädensweil, 1839 Neumünster, 1853 die Fraumünsterkirche solche an. Meilen, Männedorf, Thalweil erhielten dieß Instrument durch Schenkungen und freiwillige Sammlungen, auch Andelfingen besitzt eine. Kleine und schwache Werke stehen in den Kirchen zu Gossau, Weiningen, Sternenberg, Sitzberg, im St. Peter zu Zürich, in Fluntern und Flaach.

des Harmoniums, so in Bülach, Höngg, Horgen, Schönenberg, Kappel, Langnau, Dielstorf, Außerfihl, selbst im Großmünster wie in seiner Kapelle. Aus früher angeführten Bemerkungen ergab sich, daß nicht nur das Reformationszeitalter selbst, sondern daß noch spätere Geschlechter der Benutzung von Instrumenten, namentlich der Orgel, entschieden abge= neigt waren; man sah darin ein levitisches Element des Gottesdienstes, das im Christenthum keine Stelle mehr haben dürfe. Als im Jahr 1598 der Kirchengesang ge= stattet wurde, verbot man strenge alle Instrumente. In den folgenden Zeiten noch schwankenden Rechtsbestandes der reformirten Kirche und gegenseitigen Mißtrauens der Confessionen fürchtete man in Zürich ängstlich, durch die geringste Zulassung eines Instrumentes könnte man in den Verdacht gerathen, als wolle man zum Papstthum zurück= kehren. Darum schaffte man einige Musikinstrumente, die sich auf der Wasserkirche befanden, weg. Ja, eine kleine Hausorgel, welche aus dem Nachlasse eines verstorbenen Musikfreundes auf die Wasserkirche war gebracht worden und der mitunter Knaben einzelne Töne entlockt hatten, bewog 1641 den sonst nicht enggesinnten Antistes Breitinger zu einer Vorstellung an den Rath, dafür zu sorgen, daß doch nicht schimpfliche Gerüchte von beginnender Umkehr zur alten Kirche über Zürich weiter in Umlauf kämen. Mehrmals glaubte man bei Ermunterungen zu Förderung des Kirchen= gesangs ausdrücklich vor Instrumenten warnen zu sollen. Schon 1714 hatte Pfarrer Zeller in Krummenau angefragt, wie er sich gegenüber dem Wunsche nach Anschaffung und Gebrauch einer Orgel verhalten solle. Da solch ein In= strument, so ward er instruirt, unsern Kirchengebräuchen ganz zuwider sei, soll er dessen Erstellung möglichst ver= hindern. Diese Abneigung, in der Nähe der wogenden

Reformationskämpfe begreiflich, erhielt sich auch später und ward zum starren Vorurtheile. Thurgauische Gemeinden, die mit Zürich in kirchlicher Verbindung standen, strebten zumal gegen Ende des 18. Jahrhunderts hie und da die Orgeln anzuschaffen, der Gebrauch des Instrumentes bei ihren katholischen Nachbarn, aber ebenso bei den Evangelischen in Appenzell, St. Gallen, Thal, Bischofszell, wo sogar Instrumentalmusik üblich war, legte ihnen dieß nahe, und die Hoffnung, daß der sehr schwache Kirchengesang doch vielleicht dadurch könnte gehoben werden, sowie eine gewisse Beschämung, mit letzterem den vollen Klängen selbst einer geringern Orgel wenig gewachsen zu sein, mußte sie eben= falls bestimmen. Einige Gemeinden erhielten Orgeln ge= schenkt, so 1777 Ermatingen eine vom dortigen Gerichts= herrn Zollikofer, Bürglen im Thurgau eine solche von St. Gallen aus in die dortige Schloßkirche, welche von dieser Gemeinde benutzt wurde, im Jahr 1794. Zürichs ängstliche Vorsicht hemmte dieses Vorgehen möglichst. Wo man konnte, wies man ein Gesuch ab, so z. B. bei Egnach im Jahr 1775, wo man zwar Angesichts des bestimmten Willens der Gemeinde und der schon hergeschafften Geld= mittel die beiderseitigen Gründe sorgsam abwog, aber die Gründe gegen eine Orgel überwiegend fand. Man berief sich nicht nur auf das Herkommen seit der Reformation, auf die Einfachheit des reformirten Cultus und den Wider= spruch der Orgel gegen dieselbe, ferner auf zu befürchtende schlimme Folgen, sondern äußerte auch die Ansicht, die Orgel würde mehr zum Nachtheil als zur Hebung des Ge= sanges dienen. Andere Gemeinden, welche nicht erst an= fragten, wie z. B. 1778 Wigoldingen, erhielten ernsten Verweis und beinahe ein Verbot, jedenfalls sollten sie, so Ermatingen und Bürglen, die Orgel nicht während des

Gottesdienstes, sondern erst nach demselben zu Gesangübungen benutzen.

Die Frage: Sind bei unserm vierstimmigen
Kirchengesang Orgeln nothwendig oder auch
nur wünschbar? findet ihre Beantwortung am leichtesten
aus dem Nachweise, was sie eigentlich soll, was die Aufgabe dieses Instrumentes ist. Sie kann unmöglich dieselbe sein, wie bei den Intonationen und Litaneien des
katholischen Priesters oder bei dem einstimmigen Gemeindegesange der lutherischen Kirche. Dort soll sie die Harmonie vollstimmig geben, jenen Einzelgesang durch ihre
Akkorde stützen, die mitunter schwierigen Tonverbindungen
harmonisch vermitteln; hier ist sie berufen, mit der vollen
Kraft des Werkes der Melodie des Gemeindegesanges die
ergänzende Harmonie zur Seite zu stellen. Den vierstimmigen Kirchenchoral, der für sich schon ein Ganzes ist,
darf die Orgel nur ergänzen und stützen, sie soll die Un-
ebenheiten, welche in Betreff des Stimmenverhältnisses u. dgl.
unvermeidlich sind, ausebnen. Darum eben darf sie nicht
dominiren, nicht herrschen, sie ist die Dienerin der Gemeinde. Im ideal gedachten Kirchengesang müssen dieser
und die Orgel zu einem Ganzen verschmolzen sein. Die
Stimmen dürfen so wenig als in einem edeln Tonwerke
sogenannter weltlicher Musik von dem Instrumente erdrückt
werden, letzteres begleitet durchaus, ergänzt und verschönert,
die Orgel zumal durch ihren eigenthümlich erhabenen weihe-
vollen Klang. Wo sie so wirkt, weil eine geweihete, wenn
auch gar nicht durchaus künstlerisch geniale Hand sie spielt,
da wird sie wünschbar erscheinen: nothwendig ist sie der
katholischen und lutherischen Kirche, unserm vierstimmigen
Kirchengesange ist sie dieß nicht, erheben und fördern kann sie
bei recht weisem Gebrauche, aber schaden kann sie unstreitig

auch. Zum Organisten genügt ein Mann, der irgendwo die Technik sich angeeignet hat, vielleicht in ausgezeichneter Weise, noch lange nicht. In einem seiner kleinen Lebens= bilder: „Der Organist" hat A. E. Fröhlich einen solchen Mann gut gezeichnet; von wirklichen Organisten war ge= rade ihr größter, Joh. Sebastian Bach, auch nach der Seite kirchlich religiösen Ernstes und tiefer Weihe ein edles Vorbild. Aber nochmals sei's gesagt: Nicht die Kunst bildet hier das höchste Erforderniß, sondern das sinnige fromme Verständniß des Kirchenliedes und Kirchengesanges. Ihre Schönheit, die Weichheit wie die Kraft, entfaltet die Orgel neben dem Gemeindegesang, im Beginne und Schlusse des Gottesdienstes, bei der Einleitung zu Taufe und Abend= mahl, während des letztern, nach den geweiheten Augen= blicken der Confirmation und Trauung u. s. w. Zur Er= hebung des Gottesdienstes dient sie neben einem kräftigen, wohlgepflegten Gesange; weise gebraucht, wird sie ihn för= dern. Wollte man aber meinen, diesen bloß durch das Instrument zu fördern, und wäre gewillt, der Mühe und Arbeit der Förderung des erstern sich durch Anschaffung der Orgel zu entziehen, da hätte man das ächte Leben zer= stört und einen blendenden Flitter, innerlich todt, erworben, da ginge es, wie wenn ein thörichter Gesanglehrer die Weise den Schülern vorgeigt, im zehnten oder zwanzigsten Male halten sie dieselbe fest, haben aber keine Note und kein Intervall selbstständig treffen gelernt. Allmälig aber, müde des Umhertastens im Dunkeln, wird eine Gemeinde, für deren Gesang nichts geschieht, zu schweigen beginnen und lieber dem kunstgerechten Orgelspiele zuhören und wenigstens diese Ergötzlichkeit genießen. Der Gemeinde= gesang aber ist untergegangen. So ergibt sich denn: Man pflege den Kirchengesang treu und mit weiser Liebe. Das

6

edelste und schönste Instrument, die Orgel, erreicht den seelenvollen Klang der Menschenstimme nie. Weise benutzt, vermag die Orgel den unvollkommenen Gesang zu fördern. Wo sich's thun läßt, mag man sie anschaffen, aber man sorge zuerst für einen rechten Organisten und pflege, weil man mit beidem vereint, mit Kirchengesang und Orgel Erhabenes erreichen kann, jetzt erst freudig und emsig den Gesang. Das Harmonium, welches sich da und dort Eingang gewonnen hat, darf, will man es nicht von vorn herein schief beurtheilen, nicht mit der Orgel ver= glichen werden; seine Mittel stehen zu tief unter denen jenes herrlichsten aller Instrumente. Nie kann es die Orgel ersetzen. Aber allerdings kann es in einer nicht zu großen Kirche den Gesang leiten, mit seiner Harmonie ein sicherer Führer sein und in geeigneten Abschnitten des Gottesdienstes zumal durch die mehrern Klangfarben, welche eine geschickte Verbindung seiner Register hervorbringt, die Andacht fördern. Wenn auch sein gewöhnlicher Klang in die Länge einem gebildeten Ohre nicht immer behagt, so ersetzt es doch jedenfalls vollkommen einen Vorsänger, der vielleicht ein mittelmäßiger, selbst sicherer Sänger, aber leer ist an Takt, Geschmack, kirchlicher Würde. Das Har= monium vermag eine Gemeinde trefflich auf den rechten Gebrauch einer Orgel vorzubereiten. Immerhin bleibt für unser Vaterland mit dem Kleinode des vierstimmigen Kirchengesanges von hoher Bedeutung das Wort, welches einst Pfarrer Tobler von Stäfa seiner Gemeinde zurief, als von Anschaffung einer Orgel die Rede war: „Ihr sollt — sprach er in Anwendung des Ausspruches: „Werdet auch selbst erbaut als lebendige Steine!" — sein eine lebendige Orgel!"

Aber nun zu einigen Anweisungen über För=

berung des Kirchengesanges! Wer soll, wer kann dazu beitragen? Zuerst die Schule. Die Reformatoren, zumal Luther, schlossen an sie an, auch in unserm Lande haben die Schulen gleich von Anfang an kräftig und glücklich mitgewirkt und sind die ganz natürlichen Anfänge gewesen. Hier allein sind ja die technischen Vorkenntnisse zu gewinnen, und auch ohne Kirchengesang hat die Schule dieselben zu geben. Mehr als die Grundlage und eine erste Einführung in das Kirchenlied darf man nicht verlangen. Bis in die neuere Zeit herein ragen die sogenannten Nachtschulen, welche, meistens an Samstag Abenden mit den ältern Schülern, auch mit Confirmirten, gehalten, theils der aufwachenden Lust am Volksgesange, theils und hauptsächlich dem Kirchengesange dienten. „Da wurden,“ so erzählte mir ein älterer Geistlicher des Kantons, „Psalmen gesungen, und zwar so, daß in den engen niedrigen Stuben die Fenster klirrten. Wir Buben mußten bankweise die Woche durch zu Hause etwa einen Psalm auswendig singen lernen und dann in der Schule produciren. Zweiter Cant wurde nicht gesungen, wohl aber Sonntag Nachts Baß von erwachsenen Knaben und von Männern.“ Anderswo nahmen Musikfreunde an diesen Nachtschulen Theil und spielte etwa einer den mangelnden Baß auf einem Basset. Kaum eine Gemeinde entbehrte dieser Nachtsingschulen. Die neue Volksschule setzte die Singschulen an ihre Stelle. Diese haben für Hebung des Kirchengesanges vermöge der Bestimmung des Gesetzes, die ihnen neben der „Vervollkommnung im Figuralgesange“ auch die „genauere Einübung der in der Kirche zu singenden Choräle“ zuweist, und zwar in erster Linie, auch vermöge der Befähigung und Vorliebe mancher Lehrer schon viel Schönes und Tüchtiges geleistet. Daß die Schule diesem Zwecke mit Erfolg dienen könne, ist längstens durch die That nachgewiesen, selbst denen gegenüber, welche auf die Unfähigkeit der Singschule zum vierstimmigen Gesange sich stützen und finden, der Choral, der hier nur zwei-, höchstens dreistimmig könne gesungen werden, vermöge in dieser mangelhaften Harmonie nicht bildend, nicht einmal anregend zu wirken. Abgesehen davon, daß wenige Kinder des Mangels mit Bewußtsein inne werden, und daß ein Lehrer sehr übel bestellt sein müßte, der auf keinerlei Weise demselben wenigstens zum Theil, durch ein Instrument oder den eigenen Gesang seine Härte nehmen könnte, wissen sie alle sehr gut, daß dieser Theil der Singschule wesentlich Vorübung für den Gottesdienst ist. Darum wäre auch das Unternehmen, für diese Schule dreistimmige Choräle zu setzen, ebenso unnöthig als schädlich; unnöthig, weil die Singschule mittelst ihrer eigenen Kräfte gerade in diesem Theile ihres Gesanges nicht Selbstständigkeit als oberstes Ziel anstreben kann; schädlich, weil ein dreistimmiger Choral für gleiche, nicht für gemischte Stimmen kein ächter Choral mehr ist, sondern ein sehr blödes Surrogat, als solches gleich kraftlos für die Schule, wie wegen der veränderten Unterstimmen unbrauchbar für den Gottesdienst. Das Gefühl für Harmonie wird ja durch den übrigen Gesang und wiederum in der Kirche gerade durch den fleißig vorbereiteten Choral hinlänglich geweckt und genährt. Aber, so rufen manche, die Schule soll nicht die Dienerin und Magd der Kirche sein. Zwar haben in alten und neuen Zeiten Mächte, die noch idealer emporstreben, so z. B. die Dicht-, Bau-, Ton- und Malerkunst ihr Schönstes gerade im Dienste der kirchlichen Erbauung vollbracht, das Herrlichste willig ihr gereicht. Doch sei's denn! Sei die unwillige Dienerin entlassen vom Dienste der

Kirche, die äußerlich nicht lohnen, aber immerhin innerlich
danken kann und anerkennend dankt. Aber das bleibt
doch zu bedenken: Beide, Kirche und Schule, stehen im
Dienste der Gemeinde und sollen sie aufbauen helfen,
jede mit ihren eigenthümlichen Mitteln, warum nicht auch
mittelst dieser edeln, fruchtbaren, beide so schön einigen=
den Vorbereitung der Jugend für den kirchlichen Ge=
meindegesang? Welchen Segen können sie beide vereint
stiften! Und dieser wird ja nicht bloß der Kirche, sondern
gleich sehr auch der Schule zu Theil. O der holden Ein=
tracht!

Ungern würden wir unter den Kräften und Arbeitern,
welche dem vorliegenden Zwecke dienen sollen und können,
die Familie zu nennen unterlassen. Wer wollte und dürfte
ihren hohen Einfluß auf Erziehung und Bildung bestreiten?
Und nun denke man sich den Gesang in ihrem Schooße hei=
misch, stelle sich vor nicht nur die zahlreichen schönen Stunden,
die den Familiengliedern daraus entspringen, sondern auch
den innigen Zusammenhang, das volle sprühende Aufblühen
der Liebe, welches dadurch geweckt wird. Und besonders
ein edler Choral, der hin und wieder solche Stunden krönt
und weiht, wird zu einer unschätzbaren Perle. Wohl kann
man dieß nicht überall. Aber man vermöchte es doch weit
öfter, wenn man überhaupt daran dächte, sich die herrlichen
Wirkungen solchen Familiengesangs nach allen Seiten hin
klar machte, und sich durch kleine Schwierigkeiten und
Mängel nicht gleich ganz und völlig abhalten ließe.
Man hüte sich nur, alle solchen stillen Leistungen und Ver=
suche an dem strengen Maaße der Kunstvollendung zu
messen! Oder sollte denn das unendlich viele Musiciren
nicht auch ein wenig die Lust gemeinsamen Singens der
Eltern mit den Kindern wach rufen? Das wäre doch

eine wahrhafte Frucht, eine süße, eine reichlohnende und labende. Von solchen Stätten aus werden der Gemeinde die ächten Sänger zugeführt, die mit Herz und Mund singen. Was der ehrwürdige Herder in der Vorrede zu seinem Weimarischen Gesangbuche vom Jahr 1795 sagt und zunächst von den Liedern versteht, gilt auch von den Weisen und dem Singen derselben. „Der schönste Platz aller alten und neuen geistlichen Gesänge ist das Haus. Es kommt auf Vater und Mutter an, daß sie ihre Kinder sie singen lassen und die Lieder damit dauernd in ihre Familien einführen."

Eine wesentliche Förderung kann von den Vereinen herkommen. Wenn die gewöhnlichen Gesangchöre, die männlichen wie die gemischten, durch ihre Gesänge bei Festen irgend welcher Art zur Hebung der Andacht bei= tragen, so lassen sie den Einfluß eines harmonischen Gesanges spüren und fördern mittelbar den Gemeindegesang. Kirchen= gesangvereine im Besondern kommen diesem Zwecke noch näher; nur liegt bei dem bisherigen Zustande der Kirchen= musik und bei der oft einseitigen Vorliebe gerade solcher Leitenden, welche dieses Gebiet sehr genau kennen, die Ge= fahr nahe, sich zu sehr in künstliche Fugenstücke zu ver= wickeln und zu verlieren, während die Fuge gerade für Kirchengesang, dessen eine Haupteigenschaft klares Verständ= niß der Worte bildet, höchst unangemessen erscheint. Diese Vereine alle aber, voraus und haupsächlich die gemischten, sollten des Gesanges edelste Blüte, den Choral, mehr pflegen. Hier lernen die vielen Hunderte, ja Tausende, die Sänger heißen, aber das ABC des Gesanges noch nicht kennen, am leichtesten nach den Noten singen. Hier bietet der langsamere Gang des Chorals, das andauernde Halten der Töne eine gar schöne Gelegenheit zu der so oft versäumten

Stimmbildung. In Beziehung auf diese sollten Vereine namentlich den getragenen Choralgesang sorgfältig üben, dieß um so mehr, als weitaus an den meisten Orten die Noten nur stoßweise angegeben, aber nicht ausgehalten werden, so daß zumal bei langsamer Bewegung nach den meisten Noten eine oft sehr fühlbare Pause eintritt. Ein gehaltener und getragener Choralgesang enthält ungemein viel Würde. Aber dieser Vortrag muß wirklich ernst und ausdauernd geübt werden. Ueberhaupt lassen sich die Anfänge edeln Vortrages am einfachen unscheinbaren Chorale so trefflich lernen. Das Feld ist reich; Vereine, Gesangleiter, Gemeinde würden schöne Freuden ernten können. Da die Leiter unserer Gesangvereine meistens und höchst natürlich die Lehrer sind, so ist gut, daß der Gesangunterricht im Seminar das Wesen des Kirchengesanges wenigstens in der 4. Klasse einläßlich in's Auge faßt; viel kann bei dieser Beschränkung der Zeit nicht geschehen, immerhin scheint uns mit dem gegenwärtigen Lehrplane der künftigen Stellung der Lehrer, der Nothwendigkeit eingehendern Verständnisses des Chorales und der Kirchenmusik nicht völlig Genüge geleistet. Mit einem wohlgeübten, den Choralgesang liebenden Chore läßt sich eine neue Weise ohne große Mühe einüben. Hinwieder ist von gar schöner Wirkung, wenn derselbe eine Melodie, namentlich eine der mehrern zarten unsers Gesangbuches, welche für den Gemeindegesang fast zu zart sind, wie Nr. 71, 90, 286, bisweilen allein vorsingt und die Gemeinde bei einem folgenden Verse einstimmt, ein Verfahren, das namentlich auch bei schwierigern Melodien zu empfehlen ist, aber auch an sich als ein belebendes und doch einfach gesundes Element unserm Cultus wohl anstände. Lange spricht aus seiner warmen Begeisterung heraus, aber nicht so ganz unrichtig, wenn er sagt: „Die Anregung zu Bildung solcher Chöre könnte man wohl überall als eine Amtspflicht des Geistlichen betrachten." Aber das soll fest stehen bleiben: Nie soll bei irgend einer kirchlichen Feier der Gesang eines Vereines, und wär's der vortrefflichste, den Gemeindegesang verdrängen dürfen!

Und nun treten wir vor die Geistlichen hin, um in freundlich anregendem Sinne zu zeigen, wie sie den Kirchengesang fördern sollen und können.

Vor allem aus wird genaue Kenntniß des Kirchengesangbuchs ebenso unerläßlich als selbstverständlich sein. Die Hymnologie darf dem Geistlichen kein Gebiet sein, das ihm fremd oder höchstens oberflächlich bekannt wäre. Ihre Pflege, geschehe sie nun mehr nur in Hinsicht auf das Kirchenlied oder auch nach der musikalischen Seite, führt ohnehin so harmonisch in die anmuthigen und herrlichen Gefilde der Dichtkunst, der Kirchengeschichte, der Tonkunst ein, daß aus ihnen gewiß manche Labung und Erhebung quillt und reiche Förderung wissenschaftlichen Forschens wie praktischen Strebens als edle Frucht dem Fleißigen zufällt. Herder, welcher die ächten Kirchenlieder „Trost und Lehre des gemeinen Volkes" nannte, „die für das Volk belebte Bibel," und aussprach: „Ich wüßte nicht, was an Erquickung und Wirksamkeit über ein gutes Lied ginge," sagt sehr bestimmt: „Einem praktischen Theologen ist es nöthig, daß er die besten alten und die besten oder bestveränderten neuen Lieder kenne." Lange, nahezu der Erste, welcher die Hymnologie als wissenschaftliche Disciplin der Theologie in den Bereich akademischer Vorlesungen zog, urtheilt: „Die hymnologische Bildung des Geistlichen gehört mit zu den dringendsten Aufgaben des Tages im Gebiete des Kirchenregimentes und der praktischen Theologie. Allein es geschieht von manchen Geistlichen, die doch musikalischen Sinn und einige musikalische Bildung haben, noch weniger als geschehen könnte, weil sie voraus= setzen, sie müßten mit technischer Sicherheit das ganze Ge= biet beherrschen, um anregend wirken zu können. Mögen sie dem musikalisch gebildeten Schullehrer in der Aus= führung den Vortritt gönnen; für die Anregung und Leitung der Pflege wird immer ihre theologische und pastorale Kraft erfordert werden." Legt sich dem Geistlichen diese Forderung ja nahe genug als dem Liturgen, welcher durch die Auswahl der jedesmaligen Gesänge so bedeutenden Einfluß auf Gestaltung und Wirkung des Kirchengesanges übt. Bahnt nicht ein schöner Gesang den Weg zu freudigerm Predigen wie zum andächtigen Anhören? Gerade hier wird aber zu beachten sein, daß die Auswahl sorg= fältig und umsichtig geschehe. „Unser reformirte Gottesdienst ist noch immer zu überwiegend Predigtgottes= dienst; die Predigt beherrscht namentlich den Gesang voll= ständig. Die Anbetung der Gemeinde wird aber beein= trächtigt, wenn beim Eintritte ins Gotteshaus schon ein auf die specielle Predigt bezügliches Lied gesungen wird." So sagte im Jahr 1854 das Referat über „die Predigt, ihre Auf= gabe und Stellung in unserm Gottesdienste," wie die schweiz. Predigergesellschaft es vernahm. Eine weise und besonnene Auswahl wird mithin ebensosehr im Interesse des Gottesdienstes als des Gesanges selber sein. „Der Geistliche muß", spricht Lange sich aus, „den Gesang als Liturg, nicht als Prediger wählen. Er soll nicht auch im Liede wieder predigen wollen, ohne Rücksicht darauf, ob das Lied in Text und Melodie schön und festlich, über= haupt der Gemeinde, ihrer Stimmung und Bildung ent= sprechend sei." Unstreitig wählen viele Geistliche oft ge=

nug auch zu sehr nach ihrer individuellen Neigung, mit
zu geringer Beachtung der Gemeinde. Man wird also
wohlthun, die allgemeinen Loblieder, die Lieder der An=
betung Gottes durch besondere Rücksicht auf die Predigt
nicht verdrängt werden zu lassen. Ohne die letztere und
ihren Inhalt völlig außer Acht zu lassen, wird man doch,
so lange man nicht die eblere Form des Gottesdienstes
erreicht und mit einem allgemeinen Lobliede beginnen
und enden, die Predigt durch einige wenige näher an sie
anklingende Strophen einleiten oder gleichsam bekräftigen
lassen kann, nur sorgfältig und in sehr allgemeiner Weise
den Gesang ihr gemäß wählen. Am allerwenigsten darf
man so einseitig nur der Predigt zu Liebe das Lied be=
stimmen, daß entweder einer überwiegenden Moralpredigt
ein kahles trockenes, allerdings aber entsprechendes Moral=
lied beigegeben wird, oder daß man auf die Singbarkeit
der Melodie keinerlei Rücksicht nehme und eine Störung des
Gesanges zu befürchten hätte. Jeder Geistliche kann durch
seine Liederauswahl den Gemeindegesang ebensowohl fördern
als hemmen. Er fördert ihn, wenn er je die edelsten Lieder
wählt; die edelsten sind die, in deren Text keine Dogmatik
waltet, sondern das unmittelbare fromme Gefühl sich voll
und rein ergießt, und meistens besitzen diese Kleinodien des
Kirchenliedes auch edle Melodien, tief gefühlt, ebenfalls dem
frommen Gefühl entsprungen, geworden, nicht gemacht.
Er hemmt den Gesang, wenn er nach der dogmatischen
Rubrik wählt, sich gar von der dogmatischen Färbung
leiten läßt und der Rücksicht auf die Melodie keine Stimme
gönnt. Fördern wird er den Gesang ferner durch Ver=
meiden zu häufigen Wechsels; planloses Herumfahren im
Gesangbuche hindert und stört seine Entwickelung. Der
Gemeindegesang verlangt erzieherische Pflege, eigentliche, ob

auch nicht äußerlich hervortretende Methode der Wahl.
Willkürliche Bezeichnung der Lieder, mit ihr verbunden
häufiger Wechsel der Melodien läßt die Gemeinde nie zur
Ruhe kommen, und doch soll sie die Lieder, die besten
wenigstens, genau kennen lernen. Denn eines der be=
deutendsten Mittel zu Schaffung eines guten Kirchengesanges
ist das feste Einprägen der Melodien, so daß man sie aus=
wendig kennt und daß ihr Gehalt, ihr innerstes Wesen
allmälig dem Herzen spürbar werde. Jetzt erst kann von
Herzen gesungen werden. „Der Geistliche soll," äußert
Lange, „sich leiten lassen von dem Grundsatze, seine Ge=
meinde die wahrhaft großen Melodien wiederholt und
oft singen zu lassen, weil sie nur dadurch mit den Ideen
der Melodie vertraut, von ihrem Gefühle durchdrungen
werden und zu dem wahren Gesangschwunge der freien
Fertigkeit kommen kann. Darum stellt sich in der Regel
das Bedürfniß heraus, daß der Geistliche sich ein kleineres
Gesangbuch in dem eingeführten Gesangbuche bilde durch
die Beschränkung der Auswahl und durch die Wiederholung
des Ausgewählten, und zwar ein Gesangbuch, wie es ge=
rade den Kräften seiner Gemeinde gemäß ist." Dieser
Weg ist ein ebenso natürlicher als sicherer, zudem ist er
steter Erweiterung sofort fähig. Nicht wenige Gemeinde=
glieder haben eine Anzahl von Melodien genau inne. Daß
dieß vornemlich bei der ersten Stimme eintrifft, ist be=
greiflich; aber auch bei den andern kann es geschehen, zu=
mal diese öfter als die erste von Gesangeskundigen gesungen
werden. Je nach dem höhern oder niedrigern Stande
dieser Gesangeskenntniß in der Gemeinde halte sich der
Geistliche zunächst innerhalb eines engern Kreises beliebter,
leichterer Weisen, und verschmähe es nicht, müßte er für
sich auch eine kleine Selbstverläugnung üben, öfter und in

kürzern Zwischenräumen dieselben wiederholen zu lassen;
der Gefahr der Einförmigkeit läßt sich ja leicht begegnen
und zubem wird dieser Kreis nirgends so ganz ärmlich klein
sein. Allmälig, aber nur langsam, dehnt derselbe sich aus,
manche Melodie wird so, weiß man die guten auszuwählen,
allmälig Volkseigenthum werden. Die leichtern, welche
meistens zugleich die besten und schönsten sind, bahnen auf
diese Weise den unbekanntern den Weg. Festgottesdienste,
die Abendmahlsfeier, Leichenfeierlichkeiten können wesentlich
dazu beitragen. Gerade für solche Stunden wähle man
einfache bekannte Gesänge, welche, je mehr sie bieß sind,
um so eher in voller Mehrstimmigkeit erschallen und Hunderte
spüren lassen die urgewaltige Herrlichkeit eines ächten Ge=
meinbegesanges, kräftig anregend und belebend. Wie sehr
hemmt ein dünner schwankender Gesang den festlichen Auf=
schwung, wie erhebend wirkt der volle freudige Chor! Und
gerade der zahlreichern Festgemeinde müssen um der Sicher=
heit wie um der Schönheit willen möglichst einfache Weisen
dargeboten werden; feierlich einherrauschen soll ein Andachts=
lied, allen bekannt, um alle erfüllen zu können. Gute Ge=
sangbücher werden darum gerade in den Kreisen der Fest=
lieder sich bewähren sollen; das unsre thut dieß in den
Liedern für Weihnacht, Passion, Ostern befriedigend, in
den Pfingstliedern sehr wenig, auch in den Abendmahls=
liedern, sofern man ihren engern Umkreis festhält, nicht
ganz genügend, auf schöne Weise dagegen in den Liedern
über Tod und Grab.

Neben der Auswahl der zu singenden Lieder muß auch
betont werden die Ausdehnung des Gesanges. Ueber=
aus selten wird zu viel, meistens zu wenig gesungen;
jede Thätigkeit aber, die selten und nur in kleinem Um=
fange geübt wird, vermag nicht hohe Bedeutung zu er=

ringen. Daß unfer Gottesdienst viel zu einfeitig bloß
Predigtgottesdienst fei, wurde schon gefagt. Der Gesang
besitzt in der Meinung vieler zu sehr bloß den Werth einer
Art Ouverture und eines angemessenen Finale, wie manchen
der Glockenklang nur ein Zeichen des Beginnens und Schlusses
ist. Wenn man durchschnittlich nicht ganze Lieder kann singen
lassen, so soll man noch weit weniger nur einen einzigen
Vers bezeichnen. Da kann es nicht zur rechten Samm=
lung, nicht zur ernsten Andacht, zum gehobenen Gefühle
einer heiligen Feier kommen. Kaum haben die singend
Betenden und Lobpreisenden sich harmonisch gefunden, kaum
hat die geheiligte Stimmung auf den Fittigen geweihter
Klänge die Seele zu durchzittern begonnen, so wird sie
wieder hinausgeführt aus diesen heiligen Hallen. In die
des frommen Gebetes, in welchem die Gemeinde sich jetzt
erhebt? Nun ja! Aber selbst dem Ideale nach wird das
Gebet der gottesdienstlichen Feier nie die Seele höher em=
portragen mögen als der heilige Gesang es vermag; und
vollends in der niedrigern Wirklichkeit? O wie thut diese
edle Sinnlichkeit, die in der kirchlichen Tonkunst als Ver=
mittlerin sich darbietet, dem Menschen so wohl, der oft
gern aus dem Staube sich emporschwänge, aber zu müde,
zu schwach ist. Und wie sehr thut ihm noth, dem Ver=
schüchterten, dem Gedrückten, nicht bloß einige armselige
Augenblicke hier zu weilen, sondern niederzutauchen in
diesen reinen Born, einen tiefen Zug zu thun aus dem
labenden Quell! Möchte so manche Predigt, deren hohem
Gedankenfluge das schwerfällige Menschenkind nicht zu fol=
gen, in deren grauen Steppen zu abstrakter Theorien und
Dogmen der Sohn der Arbeit und des ruhelos bewegten
Lebens keine Labung zu finden vermag, auf ihr richtigeres
Maß verkürzt werden; einige Lieberverse mehr ge=

sungen böten dem Prediger und der Gemeinde
reichen Ersatz.

Von sehr bedeutendem Einflusse ist enblich das per=
sönliche Verhalten des Geistlichen zum Kirchen=
gesange in und außer der Kirche. Nimmt er schon
im Allgemeinen an den Bestrebungen für Hebung des Volks=
gesanges freundlichen Antheil, so daß er nicht wegen dieser
oder jener Ausschreitung, für die er ja nicht darf verant=
wortlich gemacht werden, spröde diesem fruchtbaren Gebiete
fern steht, so wird er auch wohlthätig für den Kirchen=
gesang wirken können; nimmt er an jenem vollends ver=
möge seiner Begabung thätigen, kräftig fördernden Antheil,
so wird ihm noch mehr gelingen. Wenn auch leider in
thörichter Verkennung des hohen Werthes, den der kirch=
liche Gemeindegesang besitzt und den gerade die größten
Meister, ein Joh. Seb. Bach, Mozart, Mendelssohn=Bar=
tholdy u. a. jederzeit freudig ihm zugestanden haben, gar
nicht alle, die Sänger sein wollen und an unsern Gesang=
festen sich auf ihr Können viel zu gute thun, fördernd
mitwirken, ja wenn mehr als einer, der an der Spitze
unserer Bestrebungen für Volksgesang steht, die Tiefe und
den Adel des Kirchengesanges mißkennt, so soll doch jeder
Gebildete, voraus der Geistliche, die Gediegenheit seiner
Bildung gerade durch die Werthschätzung dieser edelsten
Stufe des Volksgesanges darthun. Darum sollen wir auch
im Gottesdienste freudig einstimmen in den Gesang der
Gemeinde und uns, die Möglichkeit vorausgesetzt, nicht
sofort durch geringe Ermüdungen abhalten lassen; die Macht
des Beispieles vermag auf Erwachsene und auf Kinder un=
säglich viel. Mehr als ein Gemeindeglied wird auch mit=
singen, wenn es den freudigen Ernst des singenden Geist=
lichen sieht; die Kinderschaaren haben schwer zu schweigen,

wenn von ihm aus ein ermunternder und mahnender Blick
ausgeht, andeutend: Mach's nach! Es sollten doch wohl
unser viele sein, welche dieß in mancherlei Weise schon
erlebt haben. Selbst der Geistliche, der zum Singen nicht
befähigt ist (es gibt aber auch solche, die sich nur nicht
befähigt glauben!), möge doch durch seine Haltung und
seine ganze Stellung zum Gesange beweisen, daß er dessen
Werth kenne, seine persönliche Entbehrung bedaure. Mehr
als ein Pfarrer hat schon über den Kirchengesang gepre=
digt; ist das nicht ein höchst anziehendes, reiches, lohnen=
des Thema?

Einige Bemerkungen über etliche noch nicht besprochene
Punkte wollen auch Wegweiser sein zu Hebung und För=
derung des Kirchengesanges.

In Beziehung auf die sogenannten rhythmischen
Choräle, von denen die Gegenwart so viel spricht, oft
unklar und einer Tagesmode dienend, thut ein kurzes Wort
zu reden noth. Der romantischen Ueberschwenglichkeit,
welche in diesen wechselnden, und zwar unregelmäßig wech=
selnden Rhythmen das Höchste feierlich gehobenen Kirchen=
gesanges sieht und ihn durch bloße Umkehr zu dieser Sing=
weise heben zu können meint, steht entgegen die ruhige
Nüchternheit besonnener Prüfung. Diese lehrt, daß solche
Art des Gesanges die des Volksliedes im Reformations=
zeitalter war, wie ja bekanntlich viele der ältesten und
schönsten Weisen diesem entnommen sind, so z. B. die Weise
Nro. 92 im Zürcher Gesangbuche dem Volksliede: „Mein
G'müth ist mir verwirret", Nro. 93 dem Abschiedsliede:
„Insbruck, ich muß dich lassen", Nro. 185 dem alten
geistlichen Volksliede: „Es ist ein' Ros' entsprungen",
Nro. 43 einem französischen Jagdliede. Man sang ganz
anders als jetzt, und besaß weder unsere Tonleiter und

Tonarten noch unsere Taktgesetze. Sind diese alle im großen Ganzen unbestreitbar ein Fortschritt für die Kunst= entwickelung, so darf wohl zugestanden werden, daß jene wechselnden Rhythmen und ihre bald schnellere bald gemes= senere Bewegung, ihr Fortschreiten bald in geradem bald in ungeradem Takte bei passendem Anschlusse an die Worte von großer Wirkung sein konnten. Aber immerhin schloß dieser Rhythmus die Mehrstimmigkeit für nicht eigens ge= schulte Sänger fast unbedingt aus. Machte sich dieß bei der damaligen Einstimmigkeit des Gesanges nicht als ein Man= gel fühlbar, so mußte derselbe unausweichlich erkannt werden bei der Verbreitung des mehrstimmigen Gesanges, und die= sem, also einem entschiedenen Fortschritte, ist der rhyth= mische Gesang unterlegen; an seine Stelle trat, dem mehr= stimmigen Gesange angemessener, der Takt mit seiner bestimmt abgegränzten und doch mannigfachen Bewegung. Den geistigen und seelenvollen Ausdruck, den das Lied der alten Zeit in der Kindheit der Musik mechanischer durch seine bunten Rhythmen bezeichnete, gibt die neuere Ton= kunst mitten in ihren festen Taktbewegungen freier, selbst auch geistiger und unmittelbarer durch die zahllosen Mittel der Dynamik, durch die vorgezeichneten und, für den wah= ren Sänger wenigstens, weit mehr noch durch die nicht vorgezeichneten. Sollten wir nun darum, weil ein geist= loses Singen allezeit, zumal im Kirchengesange, sehr viel zu wünschen läßt, umkehren in eine vergangene Zeit, und in todten Formen das Belebende und Erhebende suchen, das nicht unsern Formen und Mitteln, sondern unserm Geiste, der persönlichen Uebung des Gesanges mangelt? Und vermöchte die einst wirksame Form, welche jetzt aber von der Entwickelung der Tonkunst weit überholt ist, im Gegensatze steht zu der gegenwärtig mit Recht geltenden

Anschauungsweise, und deshalb uns fremd und unverständlich geworden ist wie z. B. dem gewöhnlichen Ohre die alten Kirchentöne, heute noch auf uns, Kinder der Gegenwart, so zu wirken wie auf die Menschen jener Tage? Gebildete Vereine mögen unter kundiger Leitung diese alten schönen Choräle singen, selbst als besonderer Chor in Festgottesdiensten; für die Gemeinde sind sie nicht mehr wirksam und ausführbar, sehr oft nicht einmal mehr völlig genießbar. Hans Georg Nägeli hat in seinen Chorälen das taktische Element der modernen Tonkunst aufs entschiedenste betont, so daß dieselben im Ganzen durchaus im Takte müssen vorgetragen werden. Bei allen Chorälen aber beachte man mehr, als man thut, die geistige Eigenthümlichkeit der Lieder und der Weisen und trage sie derselben gemäß vor. Das natürliche Gefühl sagt einem jeden, daß ein freudig gehobenes Danklied doch nicht so langsam ernst dürfe vorgetragen werden wie das ergreifende Bußlied, der jubelvolle Osterpsalm nicht wie der schmerzerfüllte Sterbegesang u. s. f. Warum wollte man nicht diesen Winken lauschen, sich hingeben dem freien Gesangstriebe und der gehobnern oder stillern Andacht, die aus dem Liede wehet? Selbst in den verschiedenen Versen desselben Liedes liegt oft ein bedeutender Unterschied. Aus diesem sinnenden Forschen nach dem Wesen des Liedes wächst empor die tiefere Erkenntniß seiner Schönheit, das liebevolle Erfassen und Aneignen desselben, der freudige, andachtvolle, edle Kirchengesang. Als ein erstes, wenn auch untergeordnetes Hülfsmittel dazu beobachte man den Rhythmus oder den Takt, den unsere Choräle noch besitzen oder wieder erhalten haben. Halbe Noten sind doch einmal keine ganzen und umgekehrt. Man darf die kleine Mühe sie zu berücksichtigen und andere auf diesen Wechsel

aufmerkſam zu machen, um des ſchönen Geſanges willen
nicht ſcheuen.

Es bedarf ferner nicht eben ein fein geſchultes Ohr,
um wahrzunehmen den verſchiedenen Charakter un=
ſerer Choralmelodien. Die Zeit ihrer Entſtehung
gibt ſich darin zu erkennen. Für unſern Zweck heben wir
nur hervor, daß ſich in dieſem ihrem Weſen namentlich
ihr Verhältniß zur Orgel und zur Mehrſtimmigkeit aus=
drückt. Die alten Choräle der Reformationszeit und bis
gegen den Schluß des 17. Jahrhunderts erhalten, wie gut
ſie geſetzt ſeien, ſo lange nämlich die Harmoniſirung nur
ihren urſprünglichen Charakter nicht zerſtört hat, ihre volle
Kraft und Würde erſt mit der Orgel. Weiſen wie: „O
Haupt voll Blut und Wunden", „Wie ſchön leucht' uns
der Morgenſtern", „Wachet auf! ruft uns die Stimme"
u. v. a. bedürfen dieſelbe, um in ihrer natürlichen Hoheit
zu erſcheinen; denn ſie ſind auf der Orgel geboren worden.
In reiner Vierſtimmigkeit klingen ſie auch ſchön, erhebend,
feierlich; aber ihre volle Hoheit gewinnen ſie hier noch
nicht. Gerade entgegengeſetzt finden die neuern Weiſen, die
aus der 2. Hälfte des 18. und die des 19. Jahrhunderts
ihre ächte Schönheit vorwiegend in reiner Vierſtimmigkeit.
Ihre Stimmführung bietet durchſchnittlich bei aller Ein=
fachheit der einzelnen Stimme größere ſelbſtſtändige Bewe=
gung, das Fortſchreiten geſchieht in allen vier Stimmen
gleichmäßig nach den einfachſten Taktgeſetzen. Dieſe Wei=
ſen, z. B. die von Egli, Nägeli, Kocher, Knecht, ſind
durchaus ohne Orgel entſtanden und bedürfen derſelben
nicht. Eine lichte, helle Durchſichtigkeit zeichnet ihre Har=
monie aus und macht ſie zu eigentlich wohlthuenden Ruhe=
ſtätten nach dem Gewühle verwickelter Stimmführung in
andern Chören und in Fugengebilden. Eine gewiſſe Mitte

halten einestheils die Goudimel'schen Tonsätze, anderntheils
die Halle'schen und ähnliche Melodien, aus dem Beginne
des 18. Jahrhunderts. Erstere, an sich den Weisen des
Reformationszeitalters nach Eigenthümlichkeit der Tonart
wie nach ihrem Werthe ebenbürtig, stehen vor uns in mo=
derner Harmonie, nicht immer zu ihrem Nutzen, allerdings
jedoch im Interesse der Singbarkeit. Letztere, mehrfach
Erstlinge der modernen Tonkunst, schwelgen gleichsam in
den neu erschlossenen Tongebieten und bewegen sich darin
bisweilen mit einer gewissen Ausgelassenheit, die den fest=
lichen, kirchlichen Ernst da und dort vermissen läßt. Ihre
erste Stimme klingt, allein gesungen, allenfalls zum ein=
fach begleitenden Clavier, ganz arienartig, wie ein Solo;
die Stimmenführung hat meistens den Charakter bloßer
Begleitung. Es ist nun nicht zu läugnen, daß diese Un=
terschiede, so bestimmt sie in einer Anzahl von Weisen
hervortreten, da und dort in einander überfließen. Die
Beachtung aber derselben und ihre Verwerthung für die
jedesmal vorliegenden Verhältnisse kann dem Gemeinde=
gesange nur förderlich sein.

Die Aeußerungen über die so genannten rhythmischen
Choräle wie über den besondern Charakter der Weisen und
der Zeiten müssen auch einige Worte über die durch=
schnittliche Bewegung, in welcher der Kirchengesang
sich halten soll, hervorrufen, also über die Schnelligkeit
oder vielmehr Langsamkeit des Zeitmaaßes. Es hält nicht
schwer zu sagen, der Kirchengesang bedürfe um seines
würdevollen Ernstes willen ein feierlich gemessenes, lang=
sames Einherschreiten, und hinwieder sind die Klagen über
schleppenden ermüdenden Gesang völlig berechtigt. Im
Kanton Zürich wird sehr ungleich gesungen. Aber das
verschiedene Urtheil stammt sehr oft nicht aus verschiedenen

Gegenden, fondern aus fehr ungleichartigen Anfichten, wo=
nach der nämliche Gefang dem einen langfam, dem andern
zu fchnell vorkommt. Den gewöhnlichen Mufikern vom
Fach, welche unfern Kirchengefang durchweg wegen feiner
Langfamkeit verwerfen, gebricht es fehr oft an der wahren
Liebe zu dem ernftern Gebiete der Kirchenmufik im Allge=
meinen, darum auch großentheils an gründlichem Verftänd=
niffe. Größern Ernft und tiefere Einficht befaß Hans
Georg Nägeli. Sein Verfuch, für feine Choräle das Zeit=
maaß zu beftimmen, hat manches für fich, und mag, wo
man deffen bedarf, einen Anhaltspunkt bieten. Als läng=
ftes Maaß nahm er etwas mehr als anderthalbe Se=
cunden für die halbe Note an und verkürzte daßfelbe
für weniger langfame Lieder auf fünf Viertelfecunden,
bei andern gar auf eine oder etwas minder als eine Se=
cunde. Letztere Gefchwindigkeit kann allerdings höchftens
bei Liedern mit Dreizweiteltakt, alfo nur bei durchaus
modernen Gefängen und auch da nur etwa im Jugend=
gottesdienfte angemeffen erfcheinen, und bildet jedenfalls
die äußerfte Grenze. Für die einzelne Weife läßt fich
fchwerlich ein gleichfam mathematifch beftimmtes Zeitmaaß
als allgemein gültiges Gefetz feftftellen, wohl aber an jedem
einzelnen Orte mit Berückfichtigung der befondern Verhält=
niffe größere Bewegung oder Langfamkeit anrathen und
einführen. Im Uebrigen ift die kirchliche Weife zu fehr
ein geifterfülltes Werk, als daß man ihren Vortrag me=
chanifch regeln könnte. Immerhin hüte man fich, dem
mufikalifchen Vortheile rafcherer Bewegung den würdigen
Ernft zu opfern. Gleichwohl gibt es eine Langfamkeit des
Singens, die nicht bloß aufs äußerfte ermüdet und lähmt,
fondern zugleich jeden Hauch der Weihe zerftört. Maaß=
gebend wird in natürlichfter Weife der Gedanke fein follen,

daß kein Gesang so langsam darf gesungen werden, daß
die Nothwendigkeit des Athmens jedes auch nur zweisylbige
Wort entzweischneiden muß, ohne es zu wollen, und daß
das Gefühl der Ermüdung den Singenden unzertrennlich
begleitet. Wie kann von Andacht die Rede sein bei dieser
wahrhaft einschläfernden Langsamkeit, die überlang an jeder
Note hängt, dadurch nach jeder Sylbe Athem zu schöpfen
zwingt, die Wörter — von Sätzen nicht zu reden! — geist-
los zerschneidet, und nur ein Gefühl wecken kann, dieß
aber zur überwältigenden Empfindung steigert, das der
ermübenbsten langen Weile! Nein, dieß ist nicht mehr ein
Kirchengesang, sondern irgend ein geistloses, unwürdiges
Thun! Wir müssen, wo diese Art und Weise noch wuchert,
uns aufraffen. Geistvoll, würdig und edel, frisch erhebend
und belebend sei der Gesang! An den neuern Weisen er-
probe man die lebhaftere Bewegung und suche sie allmälig,
ob auch gemäßigt, an andern Melodien anzuwenden. Die
Singschule und die Kinderlehre können viel beitragen. Im
Allgemeinen ertragen die ältern, mit der Orgel entstandenen,
unter dem Einflusse der alten Rhythmen geschaffenen Choräle die raschere Bewegung weniger als die Weisen des
18. und 19. Jahrhunderts. Das sinnig lauschende Gemüth
erkennt leicht, welche Schnelligkeit jedem Liede noth thut.
Man sage sich nur: Eines schickt sich nicht für alle!

Noch erheischt einige Worte eine Einrichtung, die, ein
Erbe älterer Tage, der Sorge der Gegenwart gar sehr
bedarf. Wir meinen die Vorsänger. Das Vorsänger-
ober Cantoramt am Großmünster war das älteste dieser
Art und wurzelte in der frühern Einrichtung des Stiftes.
Balb nach der Mitte des 17. Jahrhunderts stellten auch
die übrigen Stadtkirchen eigene Vorsänger an, da die Schule
hier der Kirche weniger nahe stand als in den Landge-

meinden und den Bedürfnissen der sämmtlichen Stadtkirchen nicht genügen konnte. Außerhalb der Stadt aber waren die Schulmeister natürlich die ersten Leiter des Kirchengesanges, oft genug vielleicht neben den Geistlichen die einzig begabten. Seit dem Beginne des 18. Jahrhunderts wird dieser Beamtung mitunter gedacht. Sie war fast überall mit dem Schuldienst verbunden, meistens um die Besoldung des letztern zu heben, so 1730 in Kloten. Aber sie besaß noch einen unsichern Bestand, darum schwankte mit ihr oft auch der Kirchengesang. So beschwerte sich 1715 Maschwanden über den schlimmen Zustand desselben; denn dem Vorsänger werde seine Besoldung hinterhalten. Der Pfarrer Collin zu Leutmerken salarirte seinen Vorsänger aus seiner eigenen Besoldung mit fünf Gulden jährlich, um den Gesang zu heben, beklagte sich aber i. J. 1709 und bat, man möchte ihm diese Last, die er nun 18 Jahre lang getragen, doch endlich abnehmen. Man wies sein Gesuch an — die Almosenpfleger. Anderswo besoldete doch das Kirchengut. In Lengnau wollte man 1719 den Gesang mittelst eines Vorsängers von Tägerfelden einführen, wenn der Landvogt von Baden drei Gulden oder zwei Thaler aus dem Kirchengut bewillige. Im Mai 1729 bat der Pfarrer von Urdorf in Zürich um einen Gehalt für den Vorsänger zu Dietikon, damit er nicht seine Stelle verlasse. Er ward ans Kirchengut oder sonst wohin gewiesen; von Zürich aus könne man nicht helfen. Man sieht wie unsicher oder ärmlich besoldet dieses Amt war und wie wenig man seine Bedeutung erkannt hatte. Im Durchschnitte wird man noch heut zu Tage sagen müssen: Der Kirchengesang bedarf seiner, so lange kein Instrument ihn stützt, und so lange die Melodien nicht ganz im Volke leben, sein geistiges Eigenthum sind.

Nägeli wünschte in der Vorrede zu seinem Choralwerke
die Aufhebung dieser Einrichtung, soweit sie eine verkehrte
sei. Zunächst wird man sie umwandeln und auf den
richtigen Standpunkt stellen sollen. Wozu dienen die Vor=
sänger? Sie sollen anstimmen, hie und da, zumal an
schwierigern Stellen leitend eingreifen, allezeit wachsam und
bereit den Gesang nicht aus den Fugen gehen zu lassen,
und bemüht, so weit es dem Einzigen möglich ist, denselben
vor dem Sinken zu bewahren. Aber sie sind nicht dazu
da, jeden Ton der Gemeinde mit schmetternder Stimme
vorzusingen. Dieß mochte nothwendig scheinen und sein
zu der Zeit, da die Melodie im Tenor lag und Mühe
hatte durchzubringen durch ihre Umhüllungen. Im rein
vierstimmigen Gesange, wo das Gebiet der männlichen und
weiblichen Stimmen bestimmt unterschieden ist, eignet sich
die männliche Stimme schon um ihrer Tonlage willen dem
Sopran gegenüber nicht zum Vorsingen der Melodie, am
wenigsten zu diesem unschön schmetternden. Eben so wenig
soll der Vorsänger die Gemeinde schulmeistern; sie ist keine
Singschule, und das laute Anstimmen mit der leidigen
Stimmflöte, wiewohl diese bequemer ist als die mehr Selbst=
ständigkeit erheischende Stimmgabel, das pedantische An=
geben des Accordes mit lauter Stimme, alle und jede Be=
wegung mit Hand oder Fuß — alles paßt gleich wenig
und bezeugt Mangel an edelm Takte. Hinwieder verlange
man von dem Vorsänger nicht Unmögliches. Er kann
einen schlechten oder blöden Gesang nicht gut machen, er
vermag nicht das Sinken des Tones der Masse der Ge=
meinde gegenüber zu hemmen noch ihren schleppenden Ge=
sang wirksam zu beschleunigen. Aber sein Einfluß ist
dennoch nicht gering, sowohl auf richtigen als sichern und
schönen Gesang. Da zwei Vorsänger, für Sopran und

Baß, kaum oft werden beliebt werden, so sollte er in seiner
Nähe einige gute und sichere Stimmen haben; ist es ein
Lehrer, (denen — so ist unsere Meinung — das würdiger
besoldete und geachtete Vorsängeramt ein Ehrenamt sein
sollte, das sie nicht preisgäben) so müßte ihm, stets eine
Anzahl Singschüler um sich zu gewinnen, nicht schwer
fallen. Hat er mit Hülfe der Stimmgabel, falls er sie
bedarf und nicht von einem fest eingeprägten Tone aus
sicher anzustimmen weiß, den Grundton, ja nicht bloß den
Anfangston, gesucht, so gibt er leise und kurz, aber sicher
den Accord an, nur diesen um ihn Sitzenden hörbar, und
hebt jetzt fest aber würdig das Lied zu singen an. Er soll
gar nicht stets mitsingen, leiten soll er, höchstens die Zei=
len und Verse nach der jedesmaligen kleinen Pause wieder
beginnen; denn eine lange zerreißt ebenso unschön wie
das lange Halten der leidigen und unnützen Fermaten den
gesunden Zusammenhang, und die Fermate, welche hier
nur in seltenen Ausnahmsfällen die Bedeutung eines mu=
sikalischen Ruhepunktes besitzt, vielmehr nur den Schluß
der Verszeile andeutet, sollte im Grunde entfernt und durch
einen stärkern Taktstrich ersetzt werden. Vielleicht besitzt
die Gemeinde in ihrem Schooße sichere Stimmführer. So=
bald der Vorsänger dieß fühlt, mag er Baß oder Tenor
singen; nur versäume er darüber seine Hauptaufgabe nie!
Die Sorge für einen tüchtigen Vorsänger wird vielfach zu
leicht genommen, seine Stellung wird meistens gering
geachtet, darum auch ärmlich besoldet*), während man
mit würdigerer Besoldung und angemessenerer Würdigung
seiner Aufgabe auch die Anforderungen an denselben erhöhen

---

*) Im Jahre 1732 wurden dem Vorsänger an der reformirten
Kirche zu Baden im Aargau 30 Schilling „für den Gang" verord=
net. Heut zu Tage erhalten nicht alle Vorsänger so viel!

könnte. Das sollte überall geschehen, zumal in größern
Gemeinden und in Städten. Das Amt eines Cantors wie
eines Organisten war früher sehr bedeutend; man gründete
für sie eigene, wohl dotirte Stellen, richtete große For=
berungen an sie, prüfte vor der Wahl sorgfältig ihr Wissen
und Können, verschrieb tüchtige Männer oft aus weiter
Ferne und belastete sie nicht mit zu vielen Nebenarbeiten.
Es lag dieser Würdigung zu Grunde eine ernste Würdigung
des Kirchengesanges selbst. Darum gab es dann auch so
viel treffliche Cantoren und Organisten, deren viele zu
edeln, ja großen Tonmeistern heran gewachsen sind. Wenn
nun auch unsere Verhältnisse selten gestatten, diese Stellen
wirklich bedeutend zu heben, so sollte man doch überall das
Möglichste thun und nicht bloß die äußerliche Dienstleistung
bezahlen, sondern den Grad der Kunstbildung, den man
aber um so bestimmter verlangen darf, vom Vorsänger
wie vom Organisten. Der Vorsänger soll doch mehr ver=
stehen als die Gemeinde wie der Lehrer mehr als der
Schüler. Bei Bestellung dieses Amtes darf man nirgends
zufrieden sein mit einer brauchbaren oder schönen Stimme
oder bloß technischen Fertigkeiten; gehörige Kenntniß der
Kirchenmelodien, so daß kein falscher Ton eines Singenden,
kein Schwanken der Gemeinde ihn aus dem Geleise bringen
kann, unbedingte Kenntniß der musikalischen Elemente, der
Notenschrift und der Tonarten, Sicherheit des Treffens,
Einsicht in die Grundbedingungen eines schönen Gesanges,
geläuterten Geschmack und Sinn für kirchliche Tonkunst
sollte man als unerläßliche Eigenschaften verlangen. Nicht
bloß der Mangel an kirchlichem Sinne bereitet so vielen
Gemeinden die Verlegenheit, fast keinen tauglichen Vor=
sänger finden zu können, sondern die Geringschätzung dieses
Dienstes und der Mangel einer auch nur halbwegs anstän=

bigen Besoldung. Auch kann wohl selten eine Kirchen=
pflege, viel weniger eine ganze Gemeinde von sich aus ihn
wählen; dieß sollte erst auf Grund einer Prüfung durch
Sachkundige geschehen. So erhielte die singende Gemeinde
einen kundigen, seines Amtes einsichtig und mit Liebe
wartenden Vorsänger, empfinge von ihm manche Antriebe
in und außer der Kirche, müßte inne werden der edeln
Wirkungen schönen Gemeindegesanges und sich angeregt
fühlen, unter einem solchen Führer, der sein Amt zierte,
selber diesem Gebiete lebendigere Theilnahme zuzuwenden.
Leisten ursere Gemeinden oft viel für harmonische Geläute,
für Ausschmückung der Kirchen, für Anschaffung von Or=
geln und Harmonium, so versäume man das Nothwendigere,
tüchtige Stellung und Bestellung des Vorsängeramtes, nicht!

***

So wenig man durch bloß äußerliche Mittel den Man=
gel innern geistigen Lebens überhaupt ersetzen kann, so
wird man noch weniger durch solche allein dem kirchlich
religiösen Leben aufzuhelfen vermögen. Sehr wahr und
schön sagt Lange: „Die tiefste Pflege des Kirchengesanges
wird immer die Pflege seiner Quelle bleiben, die Erweckung
des christlichen Lebens, die Predigt des Evangeliums.“
Der Kirchengesang aber ist nicht bloß solch ein äußerliches
Mittel, sondern zugleich ein edler Ausdruck dieses kirchlich
religiösen Lebens selbst. Seine Bestandtheile, Poesie und
Musik bergen, zumal in ihrer Volksthümlichkeit, mächtige
Kräfte in sich. Zugleich bleibt der Kirchengesang stets das
wichtigste Mittel, den unstreitig zu kahlen und nüchternen
Predigtgottesdienst unserer reformirten Kirche zu heben,
und daß er einer Hebung bedarf, soll man sich nirgends
verschweigen, allerdings aber sollte man endlich einmal

Hand anlegen an seine Neugestaltung. Edle äußerliche
Hülfsmittel bergen doch auch belebende Kraft in sich. Wie
verschieden unsere Kirchengesangbücher der reformirten
Schweiz immer sein mögen, wie manche Unvollkommenheit
das von Zürich besitzt: sie alle, und nicht am wenigsten
das letztgenannte, enthalten viel schöne Bestandtheile, deren
fleißige Benutzung den Kirchengesang würdiger gestalten
wird. Wie herrlich ist der Gesang, eine wahre Gottesgabe
dem Singenden und Hörenden! Am herrlichsten aber wirkt
der kirchliche Gemeindegesang. „Ueber kräftige Kirchenlieder
geht nichts", sagt Matthias Claudius. „Es ist ein Segen
darin, und sie sind in Wahrheit Flügel, darauf man sich
in die Höhe heben und eine Zeit lang über dem Jammer=
thal schweben kann." Zu arm ist keiner, daß er nicht
beitragen könnte zu seiner Pflege; zu vornehm ist niemand,
daß er sich seiner Theilnahme entziehen dürfte; zu gebildet
und geistreich ist keiner, daß dieser Gesang für ihn zu tief
unten liegen könnte. Eine edle köstliche Pflicht soll er für
alle sein. Lasset uns ihn hochschätzen; denn er ist ein
Kleinod! Lasset uns ihn lieben; denn er ist eine Gottes=
kraft! Lasset uns ihn freudig üben; denn er ist ein Segen!